社交边界

谷鹏磊 朱旭东 ◎ 著

中华工商联合出版社

图书在版编目(CIP)数据

社交边界 / 谷鹏磊，朱旭东著. —北京：中华工商联合出版社，2023.10

ISBN 978-7-5158-3769-7

Ⅰ.①社… Ⅱ.①谷…②朱… Ⅲ.①心理交往-研究 Ⅳ.①C912.11

中国国家版本馆CIP数据核字（2023）第182620号

社交边界

作　　者：	谷鹏磊　朱旭东
出 品 人：	刘　刚
责任编辑：	胡小英　楼燕青
装帧设计：	华业文创
责任审读：	付德华
责任印制：	迈致红
出版发行：	中华工商联合出版社有限责任公司
印　　刷：	三河市华润印刷有限公司
版　　次：	2023年10月第1版
印　　次：	2023年10月第1次印刷
开　　本：	710mm×1020mm　1/16
字　　数：	135千字
印　　张：	13
书　　号：	ISBN 978-7-5158-3769-7
定　　价：	58.00元

服务热线：010—58301130—0（前台）
销售热线：010—58302977（网店部）
　　　　　010—58302166（门店部）
　　　　　010—58302837（馆配部、新媒体部）
　　　　　010—58302813（团购部）
地址邮编：北京市西城区西环广场A座
　　　　　19—20层，100044
　　　　　http://www.chgslcbs.cn
投稿热线：010—58302907（总编室）
投稿邮箱：1621239583@qq.com

工商联版图书
版权所有　侵权必究

凡本社图书出现印装质量问题，请与印务部联系。
联系电话：010—58302915

前 言
PREFACE

在复杂的人际交往中，有一个很重要的概念——边界感。社交边界，简而言之，就是在人际交往中，守底线、不越界、互尊重、有分寸、不拆台。最好的关系，都是有边界感的。有句话说得好："远而不疏是一种能力，近而不入是一种智慧。"社交边界，就是为彼此画出一条线，不仅仅是让彼此之间要保持一个适当的距离，让我们更加自由，更加自主，还要和而不同、互相成就，同时也减少了一个互相撕扯、互相内耗的问题。

著名作家西泽保彦曾说："所谓正常的人际关系，就是要和别人在交往时保持一定的距离。"在人际交往中，把握好分寸，保持清晰的边界感，是一个成年人的修养。边界感越清晰，人际关系越舒服，人越容易幸福。

在人际交往中，有边界感的人总会给人一种如沐春风的感觉。没有边界感的人往往让人想要疏远，甚至会产生不必要的矛盾，即使是再好的交情，也会消磨殆尽。一段美好的感情最好的状态就是

社交边界

保持适当的边界感，在七分热烈中留下三分余地，彼此尊重又各自精彩。

杨绛先生就是一个有边界感的人，世事纷繁，她独守心灵的一份宁静，不吵不闹，不争不抢。正因为拥有边界感，她将爱情、亲情与友情，经营得恰到好处。

但是，在生活中有很多人缺乏边界感意识，有些父母、恋人、朋友、同事等常常以为自己比你更了解你，他们将自己的感受和经验投射到你身上，认为你和他是一样的人。当发现你和他其实不一样时，他就认为你错了。同时，他又很关心你，希望你别犯错误，于是就来纠正你。这是人际界限不清的表现。

古人云："君子之交淡如水。"不是说人与人交往不交心，而是指要把握好尺度，不越界，这才是相处最舒服的状态。

社交中绝大多数麻烦的根源源于缺乏边界感。确实，生活中我们常常能看到各种让人痛苦的人际越界，如不经他人同意就擅自动他人的私人物品，妄加评论他人的言行举止，让别人做不愿意做的事等。这些把"你的事"随意当作"我的事"处理的做法，都是对他人自我边界的侵犯。

美国心理学家丹尼尔·戈尔曼曾说："你让人舒服的程度，决定着你所能抵达的高度。"每一位有成就的人，必定是情商高、有边界感的人。他们是情绪管理的高手，更是人际交往的达人。

与有边界感的人相处会很舒服，这便是有边界感的人异于他人的优势。给他人留下良好的印象，让他们更容易得到他人的青睐和提拔。他们能让身边的人产生舒服的感觉，是因为他们的态度一般都是友善的，不会因他人的地位、学识等方面的原因轻视或者怠慢对方。可以说，他们对待所有人都一视同仁。

有边界感的人在说话的时候会顾忌别人的感受，不会使用针对性的语气和带有强烈批判色彩的词汇。在和别人观点相左时，他们也不会为了凸显自己的观点而使用激烈的言辞。即使真正起了矛盾和冲突，他们也能很好地把握火候，能够在言语上保持很好的分寸。

有边界感的人在为人处世上，时刻保持着如同刺猬取暖般的分寸：在自己占尽优势时，不会咄咄逼人；在他人触及底线时，寸步不让。而且在自身要求上也有着强大的分寸感，强大的自我认知能力和自我约束能力都会在人际交往中收获对方的好感。

一般来说，有边界感的人不会亮出自己的所有底牌，将自己置于毫无回旋余地的尴尬境地。不轻易许诺是他们的准则，不过一旦答应对方则会不遗余力地完成自己的承诺。他们不会在遇到失败时对自己产生疑问，在轻而易举完成任务时骄傲自满。

有边界感的人往往都是幽默的人。无论在什么样的场合下，他们所表达的幽默都是恰到好处的，不会让人感到做作和轻浮。幽默是拉近人与人之间距离的最好武器，没有什么能比发自内心的笑容更能让人好感倍增。而且幽默也是挽救失误、获得原谅的最好手段，没有人能够在被逗笑之后还能继续怒气冲天，也没有人能够在会心一笑之后在乎那微不足道的错言。

社交边界

有边界感的人都是温暖的人。人际交往无外乎一个互相帮助的过程，在别人危难之际伸出援手，往往要比等人功成名就时的赞美更加深入人心。凡事量力而行，帮不上大忙可以帮小忙，点滴的恩情，对方也会铭记。帮忙其实就是满足他人的需求，对方需要什么就给予对方什么。

与人相处时，最重要的一点就是不要让别人尴尬。很多人都有不堪回首的往事、难以启齿的瞬间，无论在公共场合还是私人面谈都不要通过揭别人的伤疤来彰显自己，那样无疑是在别人的伤口上撒盐。对于被所有人视为禁区的隐私俨然也是不可轻易触碰的。最容易产生尴尬的情况就是拒绝别人的时候，如何能够既给足对方面子，又能表示出拒绝的意思显得尤为重要。还有一种情况就是让对方下不来台。比起拆台，多捧场才能获得更好的人脉。

有边界感的人处事都很低调。只有低调的智慧才能保持一颗平凡的心，不被外界所左右。示弱能够在场面僵持不下或者处于下风时达到以退为进的效果，在面对争抢时，选择不争也会让你收获更多的尊重和敬佩。即使身处高位也不要带有优越感，低调才会更具人格魅力。只有在荣耀之下继续鞭策自己，才能让这份荣耀保持下去。低调并不是与世隔绝，而是在人际交往中保持一份真实，一种豁达、成熟和理性。

而拥有边界感的人最重要的一点就是能够控制好自己的情绪。愤怒往往是最容易影响一个人理性判断的负面情绪，如果能够在各种情况下都不生气，那么就能避免在情绪波动时做出错误的决策。

坦然面对他人的批评和赞美，用一种"不以物喜，不以己悲"的处世态度，将别人的质疑和否定变成自己成长过程中的动力。

本书独具匠心地运用具体案例，深入浅出地述说边界感为成功带来的助力，帮助你在人际交往中变得更加游刃有余，让你在充满趣味性的阅读中领悟与人沟通的注意事项。

目 录
CONTENTS

第一章　有边界感的人，更容易有所成就   **001**

   有边界感的人，更容易获得成功   002

   所谓怀才不遇，可能是因为缺乏边界感   005

   和有边界感的人在一起，必定是愉悦的   008

   智商决定你的下限，边界感决定你的上限   010

   低边界感的人的几种表现   013

   边界感并非天生的，而是靠后天修炼   016

第二章　说话有边界，有尺度更要有温度   **019**

   好话、好心、好借口，和谁都能聊得来   020

   逢人只说三分话，让自己进退自如   023

   不做"话题终结者"，而要做话题的开启人   026

   话不说满，才不会让自己左右为难   030

   不急着否定别人，更容易获得对方的好感   033

   言简意赅，一开口就要说重点   036

   谦虚过度让人不悦，自信一点更有魅力   038

懂得适度赞美，轻松拥有好人缘 　　　　　　　　040
响鼓不用重槌敲，批评点到为止 　　　　　　　043
将心比心，要懂得换位思考 　　　　　　　　　047
面对你不喜欢的人，不要一脸冷漠 　　　　　　051

第三章　做事有边界，有底线更要留空间　　　053

分寸是在彼此之间设置的安全而舒服的距离 　　054
宽容而不是纵容，坚守底线才能双赢 　　　　　057
见好就收，凡事留点回旋余地 　　　　　　　　060
不轻易亮出自己的底牌，反而更有吸引力 　　　062
量力而行，给人一个靠谱的形象 　　　　　　　065
不自满，更不妄自菲薄 　　　　　　　　　　　070
宽容对方的错误，更得对方的拥护 　　　　　　073
别人不想回答的问题，不刨根问底 　　　　　　076

第四章　做人有边界，赠人玫瑰手有余香　　　079

善于发现别人的优点，弥补自己的短板 　　　　080
雪中送炭比锦上添花更得人心 　　　　　　　　083
给他人方便，自己更得方便 　　　　　　　　　085
尊重他人，才能被他人尊重 　　　　　　　　　088
善待别人，本质就是善待自己 　　　　　　　　091
施恩勿念，更得对方尊重 　　　　　　　　　　095
授人以鱼，不如授人以渔 　　　　　　　　　　099
不愿担的责任也要抢着担，不愿分的功劳也要大方　101

第五章　处世有边界，不揭短不伤和气　　105

不揭别人伤疤，彰显自我风度　　106

不谈论别人的隐私和是非　　109

多捧场少拆台，更得好人脉　　112

拒绝时不伤对方面子　　114

不合时宜的玩笑不要开，有尺度就是有边界　　117

付出有底线，莫要好心办坏事　　120

善于帮他人打圆场，为自己网罗人缘　　123

不小心说错话，幽默诙谐来化解　　125

动不动就发脾气不是个性，是没修养　　128

第六章　幽默有边界，分场合才能恰到好处　　131

有趣的开场白，瞬间成为焦点　　132

用有趣的方式自嘲，博得对方的好感　　135

自夸式幽默，让他人会心一笑　　138

各种活泼的段子，能拯救你枯燥的谈风　　141

借题发挥的幽默，轻松化解不满和尴尬　　144

让生气的人笑着熄怒火，迅速修复人际关系　　148

第七章　竞争有边界，不逞强以退为进　　151

学会示弱，以退为进是高人　　152

不争，你将得到更多　　155

收起你的优越感，低调让你更具魅力　　159

保持谦和，才能让你的光环更持久　　162

把风头留给别人，把风采留给自己	166
真正的高手，往往都深藏不露	169
大智若愚才是真聪明	172

第八章　情绪有边界，做内心强大的自己　　175

不生气，我们就赢了	176
用试错拯救你无处安放的焦虑	179
真正的强者从不抱怨，只找解决方案	182
危急时刻的冷静，是一个人的顶级边界感	185
高边界感的人都是如何表达愤怒的	188
控制欲望，人生就没有烦恼	191
无法改变环境，那就改变自己	193

第一章
有边界感的人，更容易有所成就

> 社交边界

有边界感的人，更容易获得成功

每个人的脑海中都有这样的人，说话风趣幽默，办事滴水不漏，让局外人赏心悦目。不仅仅是说话办事，有时候觉得这类人的人生本身就是一种艺术。

有边界感的人之所以更容易获得成功的原因，其一就是善于控制自己的情绪。《教父》中有一句话："不要憎恨你的敌人，那会影响你的判断力。"情绪可以左右一个人对一件事情的判断，高情商的人往往三思而后行，尤其是在自己的情绪处于激动的状态或者是需要作出承诺时。给自己的选择留下相应的时间，从而更好地作出恰当的行动和反应。

我们身边不缺少美，只是缺少发现美的眼睛。而有边界感的人往往拥有这么一双发现美的眼睛，而且不吝赞美。他们与人相处时，目光往往会聚焦在别人的优点之上，对细微瑕疵熟视无睹。韩信因没有受到重用便不辞而别，萧何日夜兼程追上韩信，并没有强加挽留，以拜将封侯作为诱惑，而是说了一句："将军，千不念，万不念，还念你我一见如故。"这"一见如故"中蕴含了萧何对韩信才华的无尽赏识，对他曾经受到的羞辱没有丝毫的鄙视。

所以，善于发现别人的优点是一个大智慧，是人与人之间相处最温暖的方式。哪怕身处最绝望的境地，也能将你慢慢从深渊中拉回来。于是，每个有边界感的人似乎身上都散发着一股清香，让身边的人流连忘返。在能够发现、赞美别人优点的同时，有边界感的人还擅长察言观色，化解尴尬信手拈来，他们不会只活在自己的世界里，所以他们的人缘也是极好的。

有边界感的人更容易成功，最重要的一点就是自律。一般来说，严于律己就是有边界感的人的信条。他们很清楚一个道理，纵然你有无数优秀的想法和计划，如果不付诸行动，那也是海市蜃楼。要想成功，勤奋和懒惰就是决定成败因素。即使慢人一步，强大的执行力也不会一直让他们看着别人的背影。

在人际交往中，有边界感的人能够游刃有余地应对各种情况，是因为他们在沟通的时候懂得换位思考，通过婉转的语言，让别人感到愉悦的情况下还能达到自己预想的目的。总的来说，真正有边界感的人从不锋芒外露，你抛出的观点，会得到他们的赞赏和建议。一场交流下来，会给你成就感而不是挫败感，也会令你更加自信。

为什么有边界感的人更容易成功？因为他们对自己有着明确的

社交边界

认识，从不妄自菲薄，而且善于控制自己的情绪，不会让情绪影响到自己的生活和工作。同时，他们擅长用委婉的方式来解决问题，能够得到更多人的赏识，还会不吝啬自己的赞美和关心。他们也因此拥有了很多朋友，也就获得了更多的助力和机会。

所谓怀才不遇，可能是因为缺乏边界感

很多人认为是金子就一定会发光，其实天下根本就没有怀才不遇，有才一定会有人遇，只不过你的才很可能被你糟糕的谈吐、拖沓的做事风格给覆盖了。因此，所谓的怀才不遇，可能是因为你缺乏边界感罢了。

有一句话说："情商高不一定会让你成功，但情商低一定会让你失败。"一个人缺乏边界感，他处理事情的能力就越差，这样的人在生活中获得的资源会比较少。因为不妥当的说话办事能力，会让自己的人际关系越来越糟糕，进而给自己的生活和工作带来极大的负面影响。

没有边界感的人一般没有原则，将放纵当作仁义，即使自己意识到这一点，也很难巧妙地拒绝别人，因为找不到合适的理由。每次都是放不下面子去拒绝自己不愿意的事，不仅自己不舒服，还得不到别人的感谢。如果一个人失去了原则，别人就不会将你放在心

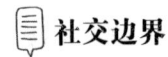 社交边界

上，甚至不会把你当回事。即使你帮了他很多次，更多时候你的仗义出手在他眼中却成了理所当然。所以如果不懂得拒绝别人，不仅自己的事情要做，他人的事情也要做，这样的生活只会让自己变得越来越累。

边界感低的人是负能量传播者。当一个人遭受刺激后，会有宣泄的欲望，以此来减轻自身的负面情绪。但如果你反复和别人说一件事情来宣泄自己的情绪而不在乎对方的感受，这样只会令对方反感你，因为没有人愿意让自己长期陷在负面的情绪当中。他们也从一开始的同情变得麻木，最后转变成厌恶，毕竟没有人有义务成为一个人的情绪宣泄桶。

牛顿说："谦虚对于优点犹如图画中的阴影，会使之更加有力，更加突出。"谦虚是一个美好的品质，而有些人往往由于自己身处不可替代的位置而恃才傲物，肆意去破坏规则。

王志毅然决然地将公司的一名技术骨干给辞退了，可他并没有后悔这么做，因为这名员工破坏了公司的规则。

迟到早退是家常便饭，工作时间中途消失不见，没有一点纪律性。公司的HR多次提醒，这名员工一直不放在心上，认为只要能够将工作做好就可以了。时间一长，公司的言论慢慢多了起来，大家都是员工，工资上的差异是因为岗位不同，但是纪律如果也差别对待就太过分了。

当接到辞退通知的时候，这个员工一脸诧异，没想到老板真的将自己开除了。王志告诉他："你在专业方面真的很优秀，开除你

是公司的损失,但是不开除你,公司将遭受更大的损失。开除你是因为你挑战了公司的规则底线,如果所有人都来挑战,那公司就得关门了。"

上述案例中的那名技术骨干之所以被辞退,怀才不遇,究其原因,就是边界感太低。做什么事之前都要慎重考虑,说话也是一样。俗话说的"祸从口出"就是这个道理,不懂得什么场合说什么话,在本该沉默的时候侃侃而谈,反而会引起他人的反感。边界感低的人往往喜欢毫不避讳地讨论各种话题,最后落得一个让所有人都厌恶的下场,如此怎么会有人赏识你呢?

真正有边界感的人懂得什么时候露锋芒,什么时候藏拙,不会总是锋芒毕露,让人觉得恃才傲物,也不会一直默默无闻,让人认为不堪大用。

一切怀才不遇的根源就是边界感太低,无法在正常的竞争中体现出自己的优点,而且还将自己的不足公之于众。人是群居动物,沟通与合作是生存的根本,如何进行良好的沟通才是成功的关键。

不要再为自己找借口了,重新审视一下自己吧!看看是不是自己的边界感太低了。

> 社交边界

和有边界感的人在一起，必定是愉悦的

　　林肯曾说："人生最美好的东西，就是他同别人的友谊。"人与人之间的交往会出现各种各样的情况，会带给人不同的心情。但是，很多人喜欢和边界感高的人交往，因为他们总会让人感到如沐春风。

　　有边界感的人之所以受欢迎，是因为他们会让我们感到很舒服，他们做事懂得站在对方的角度上，自己有收获，对方也不反感。最重要的一点，有边界感的人很幽默。在活跃的社交场合，幽默是拉近双方距离的最好武器。一个有边界感的人，能够在谈话之间穿插进适当的玩笑，给冗长的谈话一个喘息的机会，让周围的人神清气爽。但是，玩笑并不是谁都可以开的，要时刻考虑自己是不是在一个对的时间开了对的玩笑很重要。

　　当你和一个有边界感的人交谈时，他会在交谈中既可以权衡好自己的利益，也能保护他人的利益。而更多时候，我们也许需要的只是一个倾听者，而不是一个评论者。一个有边界感的人往往更懂得倾听，不会以自我为中心。即使面对最亲近的人，依然可以保持尊重和耐心，让人产生安全感。

高边界感的人一般很会多考虑身边人的感受，面对一些意外情况也能轻松化解，让别人愉快，也不为难自己，不会让任何一方感到尴尬。而且从不会吝啬自己的赞美，有时候还会开一些无伤大雅的玩笑，活跃气氛。

和一个高边界感的人相处，你最先感受到的就是他自身散发的亲和性，仿佛能让所有人不带情绪地帮他的忙，而且能够让身边的人感到舒服。

高边界感的人处世会比较柔和，这种柔和相比强硬一样能够达到目的，而且别人还不会产生抵触心理，甚至乐见其成。所以"以柔克刚"这句话是从古至今不变的真理，这也是为什么在夫妻吵架中，女人低声抽泣比咄咄逼人更能令男人先认错的原因。

而且更多时候，一个高边界感的朋友会让你有欣慰感和归属感。就算双方实力变得今时不同往日，对方还是会经常联系你，时常约你出来吃饭，不需要任何见面的幌子，也不需要任何动机，就是在一起聊一聊现在的生活、过去的回忆、今后的打算，有没有遇到有趣的人。在一座陌生的城市，将温暖洒进你的心扉。

每个人都喜欢和边界感高的人相处，他们温柔亲切，说话切中要害，非常注意说话的方式，顾忌你的面子和自尊。在知乎上有一句留言，似乎可以很准确地描述与高边界感的人的相处的体验："行云流水，不留痕迹，如沐春风，顺其自然。"

> 社交边界

智商决定你的下限，边界感决定你的上限

有人说，智商决定你的下限，边界感决定你的上限。你说话让人舒服的程度，决定你所能达到的高度。网上有一句很流行的话叫"智商不够，边界感来凑"。其实这是泛指两种能力，不能以偏概全。如果给你一道几何数学题，你不会做，哪怕你的边界感破万点依旧无法解答。

举一个简单的例子。同一件商品，智商扮演的就是专业能力，可以对商品的质量、外形、功能等硬件标准产生影响，而边界感扮演的是交际能力，就是类似介绍、推销等软件能力。假设这件商品因为专业能力有限，虽然能符合市场要求却没能达到极致，但是可以通过交际能力将这件商品很好地推销出去。反之则不然，因为专业水平极高，商品达到了巅峰，但是因为缺乏交际能力，不能洞察对方内心的想法，无法将这独一无二的商品交付出去，也不能消除买家心中的顾虑和自身应承担的风险。

边界感也会像高智商一样让他人倾心。何洛和陈芸进入了同一家小有名气的公司实习。两人原本应该是竞争对手的关系，但因为同龄、同期进入公司，两个人成了好朋友。

在何洛眼中，陈芸似乎全知全能，工作上有任何问题找她，她都能给出很好的建议和解决办法。在不断麻烦陈芸的过程中，何洛发现陈芸不知不觉在公司认识了很多朋友。何洛和陈芸穿过走廊的时候，迎面而来的陌生同事会向她点头示意；和陈芸在茶水间休息的时候，偶尔碰见并不熟悉的同事会热情地对陈芸说"你推荐的那家店真的很好吃"。

何洛找陈芸解决问题，陈芸随便在微信上一翻，就找到了一个这方面的专业人士，就是楼上某个部门的同事。对方热情且耐心地帮她们解决了问题。

其实，这便是高边界感带来的好处。当何洛还在苦苦思索工作如何完成时，陈芸已经通过专业的朋友将困难全部解决了。智商所带来的不足已经被边界感弥补，陈芸能够清晰地了解自己，成功绕开自己的短板，虽然边界感高不一定能成就大事业，但是边界感低绝对不行。

要想在某一个领域内取得较高的成就，就需要具备该领域内的丰富知识和必备技能，同时还需要积累大量的经验。这些都不是仅凭智商高就能取代的。高边界感最重要的便是有控制情绪的能力，能够让人处于理性的状态，许多高智商人物都不够理性，这导致聪明人也会干蠢事。

社交边界

李航十多年来一直在一个行业里摸爬滚打，现在已经是经理级别了。学历不高的他，这些年吃了不少苦。他为自己招了一个助手，据说是名牌大学毕业，很有实力，气质也出众。很多人认为她如果在这个位置上安心坐上几年，一定会很有发展前途。

不过，她连实习期都没过就被开除了。李航给出的理由很简单，边界感太低，不能很好地解决工作上的问题。

想当初，李航刚进公司的时候，分到了技术部，经常加班，晚上还要学习资料，想尽快提高自己的实力，尽快融入这个集体，避免在领导面前暴露自己的不足。

对于不懂的问题，李航总会小心翼翼地向前辈请教。

但是，这个助手却没有这个概念。其他同事评价她，工作不积极，总是拖延，没有团队意识，而且和周围的同事闹得很僵。她可能觉得自己的学历可以碾压其他员工。

终于有一次，她因为对客户敷衍，不耐烦，惹怒了客户。客户便直接将投诉电话打到了公司总部。

"智商不够，情商来凑。"但是，边界感不够，终将没有东西能够替代。一个人即便聪慧无比，但是大家都不愿意与他相处，那他以后的路也会走得很艰难。

边界感低可能会让你失去很多成功的可能性，而适当的边界感会让你获得更多的机会。边界感高是一种能力，可以变成智商的补充，但是边界感的缺失，再高的智商也无能为力。

低边界感的人的几种表现

一个人的边界感在生活的很多方面都会有体现,小到待人处世的一言一行,大到对待人生的态度。尤其是在人际交往的小细节上,最能体现一个人的边界感。低边界感的人,给人最大的印象就是不会说话,不会办事,而且伤害到他人还不自知。低边界感的人最为相似的一点就是拥有毫不费力就让所有人都不痛快的技能。

边界感低的人一般总是以自我为中心,缺少自我认知的能力,说话不经过大脑,不懂得什么场合说什么话的道理,自己想起什么话来便说什么,不会在乎别人的感受。有时候明明是一番好意,却依旧能让别人感到不舒服。开玩笑也不分场合,不懂得什么才是玩笑,明明别人已经努力让伤口结了痂,他还能一脸笑意地揭开伤疤。

在现实生活中,没有完美无瑕,每个人都有自己的不足,每个人都有自己不堪回首的往事。在与别人交流时,不要打着开玩笑的

社交边界

幌子去揭人伤疤。也许对你来说是无意间的一句话，可能对别人来说就是千万把刀子插在了心口上。

婚礼现场便有这样的人，在新郎敬酒的时候，本来可以直接表达对新娘的赞美，却自以为幽默地将新娘和新郎的前女友做对比，"新娘比你之前的那个女朋友漂亮多了"，丝毫没有注意到新郎脸上的尴尬、新娘的不悦，甚至事后还拍着新郎的肩膀解释说："开个玩笑，别当真。"莎士比亚说："幽默和风趣是智慧的闪现，幽默来自智慧，恶语来自无能。"真正边界感高的人，不会去戳别人的痛处；真正会说话的人，才是幽默的人。

语言充满着魅力。和边界感高的人在一起，他们的话会让你感觉如沐春风；而和边界感低的人在一起，他们的话会让你如鲠在喉，憋闷得难受。不懂得不同场合说适宜的话，是边界感低的表现。

低边界感的人总是以自己心中的标准来衡量别人，而且热衷于评论别人的生活，站在自己的观念里对他人指手画脚。他会主动去了解其他人正在做的事情。当别人提出一个观点的时候，他会率先予以否定。如果别人的观点表述并未有瑕疵，他就会对别人进行补充，且习惯于使用具有强烈反差效果的否定来表现自己的全知全能。等到了真要他来做的时候，就会以各种理由来推脱，做事情总是说得头头是道，做起来却第一个退缩，而且通过不停地找借口来证明是别人的拖累。

有一句话是这么说的："成年人的世界里，没有爽快地答应，就是拒绝的意思了。"可是总有些低边界感的人听不懂这些婉拒，而且不明就里，一直在别人身边纠缠。最简单的一件事，去别人家里做客，到午饭时间了，主人就会说："要不就不要走了，在这里吃个饭吧！"这里的意思便是主人委婉地下了逐客令，一般的人都会听出话语的意思。如果主人真的打算留你吃饭，就会说："饭菜都已经准备好了，留下来吃完饭再走吧！"可是，边界感低的人未必能听出别人的意思，堂而皇之地上桌，只会让主人感到尴尬。

当你在工作上遇到麻烦时，你去找同事帮忙出主意。但事实上，很多人会得到这样的一个回答"你直接和谁谁沟通一下比较好"，这句话的潜台词是"这不关我的事，不要问我"。人家不想和你沟通那些问题，只不过为了不使双方尴尬，不能当面拒绝罢了。肆意地胡搅蛮缠，觉得别人不近人情，只会让人心生反感。

边界感低的人有的总是不够自信，总觉得自己在很多方面都比不上别人，太在意别人对自己的看法，而且也不擅长控制自己的情绪，大部分是在外面安定，在家里发脾气。经常因为一些小事大发雷霆，事后后悔，但是深入木桩的钉子，即使拔出来也会留下痕迹。其实脾气暴躁的原因就是负面情绪比较多，如果不能很好地控制自己的情绪，就会伤人伤己。面对事物总是很敏感，自我保护意识太强，别人根本走不进他的心里，而且总是依赖别人，活在了别人的故事中，失去了自我。

一个边界感低的人，自以为是地乱说话，总是以自己为中心，自哀自怨死守片隅。所以人在抱怨上天不公的同时，也要反省自己的言行种下了什么因，才会结出那样的苦果。

社交边界

边界感并非天生的,而是靠后天修炼

智商是与生俱来的,而边界感是靠后天修炼的。事实上,想要练就高边界感并不容易。你的自我认知要时刻保持清醒和正确,在人际交往中要具有迅速识别对方情绪的能力,面对各种负面情绪能够正确地自我调节。修炼边界感就像修炼内功,是一个持续积累功力的过程。

何瑶拜了京城最受欢迎的理发师为师。她学得很用心,进步很快。不到三个月的时间,她就被师傅安排上岗了。在面对一些突发情况时,她显得有些手忙脚乱,有的客人嫌她剪得太短了,有的客人认为她剪得不够短,每次何瑶都只能不停地道歉。

然而,过了一段时间,何瑶的边界感提高了不少。

顾客剪完之后,照照镜子,有些不满意地说:"哎呀,头发剪得太短了。"何瑶笑着回答:"这个发型,让您看上去更有活力、更精干,您看看是不是年轻了好几岁?"顾客听了,欣喜而去。

有的客人说:"我是来剪头发的,你怎么给我剪那么少啊,头发还是有点太长了。"何瑶回答说:"我觉得您留长头发好看,显得女人味十足,也很符合您的气质。"顾客便不再计较,高兴地离开了。

想要成为一个高边界感的人,首先必须从自身修炼和处理与他人的关系开始。

第一,修炼自我认知能力。高边界感的人常常会自我反省,从不同的角度认识自己,清楚地看见自己的缺点和优点,不会因为骄傲而自满,也不会因为自己某些方面不如别人而自卑。

第二,修炼自我控制能力。控制自我是边界感的一个重要内容。边界感高的人,做事动力来自自身,做任何事情都有目标性、自觉性、主动性。边界感高的聪明人,会更好地管理支配不良情绪,把不良情绪巧妙地转移,不做情绪的奴隶,任何时候都能做到头脑冷静,使自己始终保持良好的心境。心情开朗,胸怀豁达,才是高边界感的表现。

第三,修炼自我激励能力。德国专家斯普林格在其所著的《激励的神话》一书中写道:"强烈的自我激励是成功的先决条件。"自我激励就是给自己一个希望,人的一切都是受激励产生的,通过不断地自我激励,你就会有动力朝着期望的目标前进,最终到达成功的巅峰。

第四,修炼观察力及应变能力。控制自我的情绪,设身处地为别人着想,领悟对方的感受,尊重他人的意见,往往能为自己掌握

社交边界

处理问题的主动权。随机应变的能力可以巧妙化解突发状况。

第五，处理人际关系的能力。与他人沟通是边界感中最为重要的内容之一，无论是学习、工作还是生活中，与人协调、沟通都十分重要。著名成功学大师卡耐基先生曾说过这么一句话："一个人的成功20%取决于专业能力，80%取决于人际关系。"只有人际关系处理好了，你才有可能展现你独特的才华，否则不良的人际关系将阻碍你前进的步伐。一个边界感高的人善于人际沟通与合作，人际关系融洽，在集体中有好人缘，容易受到人们的喜爱和欢迎。

除此之外，林林总总还有很多方面，需要在日常生活中慢慢培养。增加自己的见识和阅历，然后学以致用。多学习别人待人处世的方法比我们自己摸索要快得多。

高边界感的说话技巧和边界感的修炼其实并不难，只要我们平时多多留意、多用心思、谨言慎行、不懈努力就一定能够成功。

第二章
说话有边界，有尺度更要有温度

> 社交边界

好话、好心、好借口，和谁都能聊得来

俗话说："一句话可以说得人笑，也能说得人跳。"别人骂你一句，你回骂他一句，这就是吵架；别人赞美你一句，你回一句赞美，这就是社交。怎么才能在社交中和每个人都聊得来？只要你懂得不论在交谈还是拒绝时，都能让别人感受到你将他放在了心上。

一个高边界感、懂说话的人，在话说出口之前的思考角度与常人最大的区别，在于两个字："你""我"。在现实生活中，大多数不懂说话的人，在与别人聊天时，都是从"我"的角度出发的。

当你在一件事情上和他人产生不同的意见，别人阐述完观点之后，你若是嗤之以鼻，大肆宣讲自己的观点，只会让对方难以接受，即使你的观点要比他的全面。双方都是从"我"的角度出发，难免会让对方认为你的看法带有批判色彩，难以心悦诚服。如果你换一种方式，说一些"好话"就可以有效地避开这一点，你大可不必马上展示自己观点，让气氛针锋相对，火药味十足。简单赞美一

第二章 说话有边界，有尺度更要有温度

下对方的观点，表示自己是站在认可的角度上发表评论的，然后给予一些建议，对方肯定会欣然接受。如果你的建议足够突出，即使你不发表自己的观点，对方也会主动开口询问。这时，你再完整地阐述自己的看法，这样不仅不会让对方反感，还心生敬意。

其实，懂得把别人放在心上与换位思考很接近，同样是站在对方的角度上看问题，让对方感受到你的用心，在乎他的感受，就像两个灵魂在一起碰撞。如果能够把对方看在眼里、放在心上，哪怕这个时间只维持了一顿饭的时间，也会让对方觉得自己是被重视的，更容易敞开心扉，袒露自己内心的真实心意。

很多时候，拒绝是一个社交上的杀手，它带有强大的否定意味。但是，破坏气氛的往往并不是对方心中早有准备的否定，而是宣布否定时的态度和说话方式。高边界感的人在拒绝时会先用尊重的态度进行铺垫，给足对方面子，让之后的拒绝更容易让人接受。最重要的一点就是在拒绝的时候，态度要明确坚定，不要模棱两可，让对方对你产生期待。在拒绝的时候也要给对方一个合理的借口，让这次的拒绝变得理由充分而不是随随便便地敷衍。

因为每个人的出身、教育背景、成长环境不同，所以很多人看待同一件事总会有分歧。但是人心都是一样的，每个人都渴望被理解、被体谅。

如果我们能够懂得把别人放在心上，真正地在意对方，理解对方，即使沟通技巧不是那么娴熟，也完全能取得良好的效果。一切都是态度使然，即使对方在滔滔不绝地抱怨，也要给予对方足够的

社交边界

尊重，这样作为一个倾听者，依旧能够让人觉得自己备受重视。

倾听也是将别人放在心上的一个方式。倾听别人讲话看似一件小事，但是通过这件小事，也能看出来一个人是否有心。卡耐基说："对和你谈话的那个人来说，他的需要和他自己的事情永远比你的事情要重要得多。"当人不顺心、想不开、悲伤痛苦的时候，如果我们认真倾听他们的肺腑之言，这样就能减轻他们的痛苦，使其得到慰藉。同时，你也会获得他们的信任和感激，从而拉近彼此之间的距离，增进友谊，加深感情。

我们要学会善于利用自己的耳朵，做一个懂得倾听的人，这样，对方才会觉得自己受到了重视，从而对我们产生好感，愿意和我们友好相处；相反，如果当别人说话的时候，你并不用心，甚至打断别人，那对方就会失去跟你交流的兴趣。

无论是好话还是好借口都是真正将别人放在心上，只要你足够用心，给予他人足够的重视，你就和谁都能聊得来。

逢人只说三分话，让自己进退自如

俗话说："逢人只说三分话，未可全抛一片心。"我们不论和什么人说话，都不要将自己知道的东西全都说出来。这不是世故圆滑的表现，而是自我保护的处世之道。只有"逢人只说三分话"，才能让自己留有余地，进退自如。

有句话叫"交浅不可言深，绝交不出恶语"，说话一定要谨慎，不能口无遮拦。为什么不能把真话全部说出来？最根本的原因就是为了自身的安全，并不是故意对别人设下一道高墙，这是一种为人处世的哲学，是对自己以及和自己相关的人负责。"害人之心不可有，防人之心不可无"就是这般道理。

历史上很多人物都是因为缺少城府，说话随意，才会被人算计，最终走向失败。西楚霸王项羽就是其中的一个典型代表。

项羽在攻入函谷关后，刘邦的部下曹无伤派人给项羽送来了重要的情报："刘邦打算在关中称王，任秦王子婴为相，秦宫中的奇

社交边界

珍异宝全都已经被他占有了。"

项羽在听到这个消息后,准备攻打刘邦。当时,项羽手下有四十万军队,而刘邦手下只有十万军队。此时项羽要灭掉刘邦,简直易如反掌。只可惜,项羽素来优柔寡断,接受了叔叔项伯的谏言,放弃攻打刘邦。不久之后,刘邦率领一百多人来到项羽所在的鸿门,向项羽赔罪,史称"鸿门宴"。能说会道的刘邦说了一番称赞的话,将项羽夸上了天。

项羽心中十分愉悦,完全忘记了眼前这个刘邦是自己争夺天下最大的对手。当刘邦说肯定是背后有人在挑拨双方的关系,项羽想都没想就把曹无伤送密信的事说了出来。最后,刘邦毫发无伤地回到营中后,第一件事就是诛杀了叛徒曹无伤。

曹无伤本可以成为隐藏在刘邦身边的一枚棋子,项羽如果能够好好利用,在关键时候,曹无伤可以发挥扭转乾坤的作用。只可惜,项羽毫无心机的一番话,彻底送了曹无伤的命。

在生活中,无论在人际交往还是工作中,"逢人只说三分话",给自己留下回旋的余地。正如《菜根谭》中所说:"遇到沉沉不语之士,且莫输心;见悻悻自好之人,应须防口。"意思就是说,当我们遇到那种脸色表情阴沉不说话的人,暂时不要着急和他交流;遇到高傲自大愤愤不平的人,一定要谨慎自己的言行。切不可大大咧咧,任何事情都往外说,小心祸从口出。

逢人只说三分话,尤其是关于共同拥有秘密的情况,不然只会陷入不利于自己的境地,从而让自己的形象崩塌。即便是家里人,也不要全盘托出。

但是,所谓的"逢人只说三分话",并不是让你紧闭心扉,将所有的事情都锁在心中,成为一个心机阴沉的人,而是让你像高边界感的人一样,在人际交往中进退自如、游刃有余。不要天真地认为交换心事才能促进感情,世上哪有那么多将心比心,你一味地付出只不过是在一点点地将自己的退路全部封死罢了。

孔子曰:"不得其人言,谓之失言。"如果对方是一个不相知的人,那你畅所欲言,就代表失言开始了。首先,只图一时痛快而不在乎别人感受的人是不会受欢迎的,一味地掏心掏肺,最后惹上麻烦自己都不知道怎么回事。其次,为人坦率不是说话不留余地,说话太多往往会祸从口出。所以,逢人只说三分话,才能让自己进退自如。

社交边界

不做"话题终结者",而要做话题的开启人

想必很多人都遇到过这样的情况,大家其乐融融地在一个微信群里闲聊着。突然有一个人说了一句话,然后群里就没有人说话了,场面顿时变得十分尴尬,活脱脱的一个"话题终结者"。边界感低的人往往更容易成为"话题终结者"。确实,边界感不是每个人生来就具备的,但是说话的时候起码要走点儿心。如果实在不知道要说什么,沉默也是一种方式。

两个人的聊天本来就是交流感情,讨论的事物的准确性并不重要,主要是一个沟通了解对方的过程。作为"话题终结者",在与别人聊天的时候,不懂得去迎合对方的情绪,别人有开心的事情想要和你分享,但你回复得十分平淡,可能会降低对方的兴奋度,从而使场面陷入尴尬。或者别人在诉说一件伤心的事,你打算活跃一下气氛,如果语言不当会在无形中伤到别人的心。

几个老同学在微信群闲聊,邓同学说:"我这里有一个非常好笑

的笑话，讲给大家听听吧。"

大家纷纷捧场："快讲，让我们高兴一下。"

邓同学说："有一天，我下班回家，忽然看到楼下面有几个人排成一排站在那里，每个人手里都拿着一根棍子。我吓了一跳，想这些人是要打人吗？这么多人我可打不过。我越走越害怕——"

邓同学讲到这里故意停顿了一下，有同学就心急地催他快点讲，他是不是真的遇到了恶人。

随后，邓同学揭晓答案道："我走近一看，他们竟然是在吃甘蔗。"

笑话一讲完，群里就有不少人发了"哈哈哈"的回复。

其中一个同学却说："有大晚上站成一排吃甘蔗的吗？一听就是编的。"

经常把天聊死的人往往只是读不懂别人的情绪和潜在含义，只顾一时嘴快，伤人于无形。最可怕的是，这种人还不自知，当别人一脸不悦的时候，也不知道发生了什么。

成为"话题终结者"的原因是，你聊天引导的方向是大家不喜欢的或者不知道怎么该回答的，可能你的思维跳跃太大，不一定所有人都能跟上你的思维。又或者说你聊天的内容过于沉重，没人愿意再聊下去，也有可能是你的话题接不到上一个话题。

每一个高边界感的人通常不会成为"话题终结者"，因为他们在倾听别人的同时，会深刻地感受对方的情绪和潜在含义，从而使彼此的话题具有延续性。

社交边界

那么如何避免成为"话题终结者",成为一个话题的开启人呢?

当你在和多个人聊天的时候,首先关注一下大家对当前话题的热度。如果大家正在热情地讨论某个问题时,等到大家对这个话题的热情消减时再提出其他的话题。

其次,在你表达的时候,尽量让他人能够接得上话。要避免成为一个"话题终结者",你就不要在聊天的时候说出让人难以接上的话。

最后,尽量不要轻易改变谈话的主旋律,当大家都在对一件事情表达期待或者正向的看法时,你可以保留自己的看法或者委婉地提出自己不同的看法,切忌提出与主旋律相反的看法。

而你和别人单独聊天时,当别人对你提出问题,如果不符合实际情况,一般你都会予以否定,这时不要停下,再加上一句解释,就给对方留下了继续与你对话的"引子"。

比如,"我不是东北人"这句话后面就可以加上一句解释的话,"我生在江苏,祖籍在东北"。

当拒绝别人的好意时,生硬的回绝会让对方反感,这时要在拒绝后面加上一句肯定的话,效果就会有所不同。

比如,"我今晚要加班,参加不了"这句话后面就可以加上一句肯定的话,"不过明晚有空,我很愿意去"。

当你无法满足对方的要求又无法给出确切的答复时,就在拒绝后面加上一句反问句。反问句可以让话题继续下去,或者也可以换一个话题。

比如，"我去不了，周末的时间被安排满了"这句话后面就可以加上一句反问句，"我记得你周末也要带孩子，怎么突然有时间了？"

有时候，肯定的答案也会终止话题，所以加上一句反问句，就可以使话题递进下去，说不定还能激起对方的好奇心。

比如，"你为这份事业坚持了十年真不容易啊"，在回答"是啊，的确不容易"时，我们可以加上一句反问句，"你知道是什么支撑我一路走下来的吗？"

这时候，对方自然会竖起耳朵听你的故事。

有时候，你是否会成为一个"话题终结者"，可能不是因为你，而是因为你的沟通对象，面对一个与你缺乏共同背景，价值观存在较大差异的人，你可能会被对方视为"话题终结者"。这不可避免，但你也没必要过于纠结。这时候恰当地接受谈话，是一个比较好的选择。

无论如何，不求在聊天场合如鱼得水，但求不做"话题终结者"。

> 社交边界

话不说满，才不会让自己左右为难

周易曰："物极必反，否极泰来。"这句话可以解释为，行不可至极处，至极则无路可续行；言不可称绝对，称绝则无理可续言。生活中有些人总喜欢把话说得很满，不懂得"模糊表态"，一句"交给我了"成了口头禅。但是，没有人能预测每件事情的走向。如果事情的进程很圆满，那么皆大欢喜；万一在中途出现了不可预知的情况，只能徒增麻烦。

因此，话不能说满，给自己留一点后路。对于高边界感的人来说，他们会采用恰当的方式、巧妙的语言，对别人的请求或者是意见作出间接的、含蓄的、灵活的表态，避免最后事与愿违的尴尬和责任的承担。

在职场中，话不说满尤其重要。在表达自己的想法的同时，不要忘了给自己留一条后路。比如，在发表言论的最后要加上这样一句话，"这只代表我个人的观点，具体还要看领导们的决定"。

这样不仅能够表达自己的观点，还能防止自己万一说错了，也不会陷入自相矛盾的境地。反而能显出自己的谨慎，并因此赢得别人的信赖。

第一位推销员说自己的袜子很好、很完美。于是，他请了一位顾客和他一起一人握住袜子的一端，用力往两边拉。袜子被拉得很长也不破，这说明袜子的韧性不错。随后，他又拿起一根长针，在拉得绷直的袜子上来回划动，袜子也没有破损。

他一边划一边说："这种袜子质量很好，不易刮丝。"

紧接着，他又掏出一个打火机，将火苗在袜子下面轻轻晃动，袜子也没有任何破损。但是袜子在顾客手中却变了样子，原来这双袜子并不是划不破，而是顺着纹理划不易划破。一位顾客打算用打火机试一下，结果被推销员慌忙拦住，解释道："我只是想证明它的透气性好，并不是真的烧不着。"

虽然大家也认可了袜子的质量，但是当时的气氛显然影响了顾客的情绪。

第二位推销员和刚刚那位推销员的推销步骤是一样的，不过他的一番介绍说得却是无懈可击："相信大家都知道，任何事物都有它的科学性，袜子怎么可能会烧不着，我只是想证明它的透气性好，它也并不是穿不破，钢板都会有磨损，更何况是袜子。"

这番介绍并没有给现场带来尴尬的气氛，反而让他的推销效果比之前的那一位要好得多。

所以说，话不说满，给自己留一点余地，不但对别人好，对自

社交边界

己也会有好处。

任何事情的发展变化都得有个过程，有的还得有一个相当长的演变的过程。当事情处于发展变化的初期，实质性的问题尚未表露出来，这就难以断定其利弊。这时就需要你等待、观察、了解、研究，切不可贸然行事，信口开河地去下定论，做承诺。

有些问题需要进一步了解事情的真相，或看看事态的发展及周围形势的变化方可拿主意。话不说满就能给自己留下一个仔细考虑、慎重决策的余地。否则，君子一言，驷马难追，不仅会给人际关系造成不应该有的损失，还可能会因此影响到自己的前途和声誉。

不急着否定别人，更容易获得对方的好感

美国得克萨斯大学教授乔纳森研究表明，如果对方的意见与自己的一致的话，人们就会认为对方的观点是正确的，这种现象称为"一致效果"。在这种效果的作用下，一个人很容易增强对对方的信任感。

在别人提出观点之后，高边界感的人即使心中有更加有效的办法，往往也会对他给予肯定，不会轻易否定他人，尤其是在大庭广众之下。很多事情没有绝对的对与错，不要将自己看得太重，不要把别人看得太轻。所以，高边界感的人在打算否定别人的时候，会先承认对方观点的合理性，会先肯定对方的观点，然后再说出自己的见解，而不是在别人还没有说完话就打断，告诉对方他的观点是完全错误的，这样只会激起对方更强烈的反抗。先赞同别人的观点，再提出自己的建议，会让对方欣然接受，也会让对方觉得你的想法很全面，智慧与涵养都不错，也更乐于与你分享建议。

社交边界

《非诚勿扰》让大家见识到了孟非看上去不紧不慢却拥有智慧的主持技巧。

有一次上来一个另类的男嘉宾，这位男嘉宾以节俭为荣，在介绍自己的时候说："我五年没有买过衣服，几乎每天是馒头加咸菜，工资虽然不少，但我是一个非常节俭的人。钱对于我来说，能不花就不花，我打算攒钱在北京买一套房子，希望有女嘉宾愿意跟我每天吃馒头咸菜。"

这位男嘉宾的话立刻引起了女嘉宾的反感，纷纷说："这是过日子吗？""太抠了！"见男嘉宾显得越来越尴尬，孟非在一旁说道："我来说两句。勤俭节约是我们中华民族的传统美德，男嘉宾你有这样的想法真的是不错，现在有这样想法的人太少了，我们应该学习勤俭节约。"男嘉宾的脸色缓和了许多。

孟非又接着说："可是咱们得知道，生活不是一个火坑，不要觉得你在里面吃苦受罪就能爬出来。我认为活好每一天才是最重要的，不能为了钱和房子就把自己当成机器一样工作，咱也别为了攒钱每天都不花钱买菜，这样对身体也不好，是不是？再说了，钱不是省出来的，该花钱就得花。你每天都活得非常开心，让自己的女朋友也非常开心，这就是最好的生活。"听到这一席话，男嘉宾点了点头，表示自己的做法有些过了，台下一片掌声。

德国哲学家莱布尼茨说过："世界上没有两片完全相同的叶子。"同样的道理，世界上没有两个意见完全相同的人。很多时候，你可能并不认同对方的意见，所以可能要跟对方进行一番讨论和争辩。如果你想让这种争论在友好和谐的氛围中进行下去，而不是升级成吵架，那么需要先肯定再否定的技巧。

所以，当我们的意见和对方相左时，不要试图马上否定别人，先顺着对方的意图，反而更容易达到自己的目的。暂且同意对方与自己不同或者相反的意见，表示认同对方，无意间就能拉近自己和对方的心理距离，以便于更进一步地交流。在接下来的谈话过程中，可以创造合适的时机，再提出自己的观点，将对方说服。

比如，"你不喜欢吃鱼吗？我也不喜欢。""这个计划确实有不足的地方，我也这么认为。不如我们一起看看还有哪些地方需要完善？"

无论什么理由，反对都会令人扫兴。表示赞同可以说是防止与别人关系恶化的"预防针"。就常理而言，人们一般都不愿对反驳自己的人敞开心扉，甚至还会反感对方。相反，如果一个人的意见能很快被别人接受，别人自然也愿意敞开心扉接受他了。

即使你再不认同对方的观点，想一口回绝对方，也要尊重别人的思考成果。人都是要面子的，如果你能顾及对方的颜面，把对方置于一个平等的地位，甚至让对方有一种被尊重的感觉，对方就能敞开心胸，接受不同的想法，否则对方可能会变得更加顽固。

社交边界

言简意赅，一开口就要说重点

同样是表达一个意思，有的人说了一大堆话，可就是没人听得懂，让所有人不知所云。但是有的人只需要三两句话就可以简单地概括，这样也很容易让大家明白自己要表达什么意思。

边界感高的人，无论面对什么样的场合、什么样的对象，说出的话都会有很强的逻辑性和条理性，能够把自己想表达的东西字句清晰地表达给对方，让对方瞬间能明白你其中的意思。所以，高边界感的人说话会让人感到舒服，而且这也是很多人敬佩高边界感会说话的原因。因此，说话一定要言简意赅，一语中的。

这里所说的言简意赅并不是一味地说话简单，这种简洁的效果要从实际出发的，恰到好处。倘若单纯地追求简洁，硬是将一句话拆得七零八落，别人也会对你的话感到迷惑，也会影响沟通的效果。所谓的简练，应当以准确表达为前提，该繁则繁，该简则简。

罗振宇在《奇葩说》里说："职场，或者说当代社会，最重要的能力就是表达能力。"确实如此，和客户接触，跟领导沟通，都需要这样的能力。在咨询别人的过程中，如果你能针对性地问出关键点，别人就能给你具有实操性的建议，给你解决实际问题；但如果你说了半天也抓不到重点，不仅耽误了别人的时间，还得不到真正的解决方法。

那么，在与人交谈的过程中，要做到言简意赅、一语中的应该注意以下几点。

第一，紧扣主题，把话说到点子上，与本次谈话无关的内容最好不说，避免将对方的思维带偏。

第二，分清主次，重点突出。重要的事情重点说，次要的事情一句带过，避免对方找不到你说话的重点。

第三，在话未说出口时，先打好一个腹稿，然后再按照次序一一说出来。

第四，多用简洁明快的短句，少用冗繁复杂的长句或倒装句。

第五，多用通俗易懂的常用词，少用某些特殊专业或范畴专用的词汇。

> 社交边界

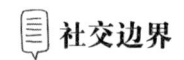

谦虚过度让人不悦，自信一点更有魅力

谦虚是中华民族的传统美德，从小我们就被教育："谦虚使人进步，骄傲使人落后。"不管是老师还是父母都一直教导我们要真诚待人，虚心学习。虽然谦虚可以给我们带来很多好处，但是太过于谦虚会让人觉得虚伪，让人心生反感。

叔本华说："谦虚对才华无奇的人来说只是一种诚实，对才华绝顶的来说，便是一种虚伪。"过度谦虚到底会不会让人感觉是虚伪，关键在于是否真诚。内心认为自己很了不起，嘴上却说得很谦卑，内心的感情与表现的形式不统一起来就会让人不舒服，给人的感觉就是虚伪。而如果真的是认为自己还有很大的进步空间，表现出来的又是谦虚低调，也就是从内心的真实感情出发，自然就是真诚的。

你向一位朋友表示恭贺，说："你好厉害啊，能够进入名企工作。"如果他很谦虚地回答说："哪里啊？我压根就不行，完全是瞎混。"表面看似谦虚,但其实暗中增加了两个人的距离感。此外,这种做法不但自己把别人认同的评价否定,还很夸张地把自己贬低,令别人难堪。

谦虚过度,实际是一种"明褒暗贬",表面上十分客气,但是内心里是排斥别人的,而且比光明正大的炫耀更加讨人嫌。

谦虚过度的做法,从一开始就是在炫耀,由于把重心转向自己,通过贬低自己来展示傲慢,而且还披着谦虚的外衣,本质上却是一种蔑视、无视。

苏格拉底曾说:"谦虚是藏于土中甜美的根,所有崇尚的美德由此发芽生长。"谦虚是一个美好的态度,倘若谦虚过度,不仅会让人觉得虚伪,还会让人心里不舒服。所以,谦虚要适度。

适度的谦虚,再加上一定的自信,更能体现你的个人魅力。

> 社交边界

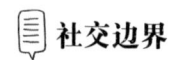

懂得适度赞美，轻松拥有好人缘

网上有一句话："一个气球吹得太小，会不好看；吹得太大，很可能会吹破。"同样的，对别人的赞美也要适可而止，过度的赞美会遭人厌烦。懂得适度赞美，才能轻松拥有好人缘。

在交际的过程中，巧妙的赞美是拉近两个人距离的敲门砖。每个人都喜欢赞美的话，当然赞美是有技巧的，适度的赞美会让别人对你产生好感。边界感高的人，更懂得不动声色地赞美是最好的交际方式，同时也是最容易消除陌生感的一种方法。

越是骄傲的人，越喜欢别人对自己赞美。很多人会说自己不喜欢被赞美，非常愿意接受别人的批评。边界感低的人会将这样的门面话信以为真，毫不客气地直言批评，结果却惹得对方很不高兴。

美国著名的企业家、教育家卡耐基小的时候就是一个公认的坏孩子，调皮捣蛋，甚至经常打架。人生的转折点发生在他九岁那年，他的父亲又娶了第二个妻子。

父亲向继母介绍他的时候说:"亲爱的,你可得小心点这个家伙,他非常淘气,总喜欢给人找麻烦。"

但是继母只是微笑着将他紧紧地搂在怀里,看着他的眼睛,回过头对丈夫说:"你错了!在我看来,他是最聪明、最有创造力的男孩。只不过,他还没有找到发泄热情的地方。"

继母的话让卡耐基心中暖洋洋的,他开始觉得这个继母似乎还不错。从那以后,他和继母的友谊就建立起来了。这一句话也成为激励他一生的动力。

他日后创造了成功的"二十八项黄金法则",帮助许多普通人走上了成功和致富的道路。

作家郑渊洁说过:"人性的本质是渴望欣赏。"对一个人的赞美也是一种鼓励。但是赞美要把话说得恰到其分,既能让对方接受,不因为赞美之词感到烦躁,还要赢得他人的好感,达到真正赞美的目的。比如,当你和几位朋友去KTV唱歌,你对一位朋友说:"你是全世界唱歌最好听的。"这样的赞美之词只会让双方都很尴尬。你若是换个说法:"你唱得不错,比原唱有味道。"你的朋友一定会很高兴。所以,赞美之词不能乱用。古人说的"过犹不及"不是没有道理的。

边界感高的人赞美一个人肯定会发自内心,表达出真诚,实事求是,从不画蛇添足,也不随心所欲、胡说八道。因为要赞美的人,是他了解的人。他只需要准确地用善意优美的辞藻,自然地将他的优点赞美一番,既能让在场的人引起共鸣,也会让被赞美的人

社交边界

感到开心接受。

赞美是对说话做事的一种修饰,要使用到位,恰到好处,也并不是越多越好,荒唐夸张的语言,不着边际的赞美,那就过犹不及了。

边界感高的人在与陌生人刚认识的时候,用一句话就能获得对方的好感。比如,在握手的时候说:"你好,早就听某人提起过你。"赞美的话不在于多也不在于精妙的言语,关键在于恰到好处。

要知道,恰如其分、符合实际的赞美才是别人想要的赞美。使用太多文绉绉的词语,毫无底线的吹捧,不切实际的恭维,只会让对方感到尴尬,浑身不自在,最终起到适得其反的效果。

响鼓不用重槌敲，批评点到为止

在武侠小说中，两位大侠切磋时，总是会看到"点到为止"这个词，以此来形容某个大侠武功高强，收放自如。既不会伤筋动骨，又能达到切磋武艺的目的，可谓恰到好处。对他人的批评也是如此，如果将对方批评得体无完肤，那么必然会让他下不来台，也会让他感到非常愤怒。

俗话说："批评的话最好不过三四句。"边界感高的人在对人进行批评时，总是三言两语点到为止，给别人留下台阶。有些人可能不明白，错误就是错误，如果自己不明确地说出来，对方怎么会明白。其实，响鼓不用重槌，心思通透之人是一点就透。

有一次，齐景公请大夫们喝酒。酒后，齐景公开始射箭，箭却射到了靶子外面，满屋子的大夫却众口一致地称赞了起来。

齐景公听完之后变了脸色，并叹了口气，把弓丢在了一旁。这时，弦章进来了。齐景公说："弦章，自从我失去晏子到现在已经

社交边界

有十七年了,从来没有听到别人对我过失的批评。今天我把箭射到了靶子外,他们却众口一词地赞美我。"

弦章说:"这是那些大臣们的不好。他们本身素质不高,所以看不到国君哪些地方不好;他们勇气不够,所以不敢冒犯国君的尊严。但是,您应该注意一点,我听说:'国君喜欢的衣服,那么大臣就会拿来替他穿上;国君喜欢的食物,大臣就会送给他吃。像尺蠖这种虫子,吃了黄颜色的东西,它的身体就会变黄,吃了绿颜色的东西,它的身体就会变绿,作为国君大概总会有人说奉承话吧!'"

齐景公恍然大悟,深刻理解到是自己喜欢听奉承话才造成了如此局面。

点到为止的批评,不仅能给人留面子,还能让别人意识到自己的错误之处,批评的效果更为有效。在现实生活中,人们普遍存在吃软不吃硬的心态,特别是那些性格刚烈、很有主见的人。你如果说硬话,用命令的口吻,对方不但不会理解,说不定比你还硬。所以,不妨点到为止,让对方自己去领会其中的意思。

心理学家研究表明,当一个人的隐私和错误在公众面前曝光时就会感到难堪和愤怒。因此,在日常交往之中,如果不是因为特殊的目的,一般尽量不要揭开别人难堪的一面,避免让对方下不来台。必要时可以点到即止地聊上几句,对其造成一定的压力。既能让当事人体面地走下台,又尽量不让身边的人察觉,这才是高边界感的表现。

一家著名的大酒店里，一位客人在吃完最后一道茶点后，顺手将精美的陶瓷筷子悄悄地放入了自己的衣服口袋里。

服务员小姐看在眼里，不动声色地走了上去，双手捧着一个装有陶瓷筷子的盒子说："我发现先生在用餐时，对我们的陶瓷筷子有爱不释手之意，非常感谢你对这种精美工艺品的喜爱。为了表示我们对您的感激之情，餐厅主管让我代表酒店，将这双经过严格消毒的筷子送给您，并以酒店的优惠价格记在您的账上，您看可以吗？"

客人瞬间明白了服务员的意思，在表达了感谢之后，说自己多喝了几杯酒，脑袋有些发晕，误将筷子放进了口袋。

说完，他取出口袋里的筷子恭敬地放回了餐桌上，接过服务员给他的盒子，不失风度地走向了付款处。

边界感高的人往往会这样点到为止地让对方摆脱困境。

卡耐基建议我们不要乱批评别人，因为这是人立身处世的信条。但这太过于绝对。我们有时候也不得不批评一下，即使是相当要好的朋友也免不了批评几句，关键在于我们如何批评别人。

指正他人的态度一定要温和，说话时先要对他人所犯错误表示理解和同情，使对方减少不安，然后指出他的错误，用词要恰当，切忌用讽刺或喋喋不休的话语来批评对方。

指正的话越少越好，能用一两句话使对方明白即可，然后将话题转移到其他地方。不要不依不饶地揪着别人的错误不放，让对方陷入窘境，从而产生反感之情。

社交边界

己所不欲，勿施于人。挨批评的滋味大家都尝过，也都知道不好受，尤其是一点情面也不讲的批评之声。既然如此，批评的同时给别人准备一个台阶，也给自己留点余地，这样不是更好吗？

将心比心，要懂得换位思考

很多人认为，成功与情商边界的联系十分密切，几乎80%的成功人士都拥有超高的情商水平。高情商和边界感的特征之一就是懂得换位思考，但是有些人认为高边界感的人心思深沉，其实有时候高边界感表现出来的并不是心机，而是替别人考虑的善意。

很多时候，你不一定能看出一个人的好坏，但你一定能够看出他是否自私，是否善于为他人着想。一些人边界感低就是因为不懂得为他人着想，总是以自我为中心，意识不到自己的行为是否能够给别人带来困扰，而且得失心太重，害怕吃亏。

拿破仑·希尔曾说："懂得换位思考，能真正站在他人的立场上看待问题，考虑问题，并能切实帮助他人解决问题，这个世界就是你的。"

某一年，拿破仑·希尔需要招聘一名秘书，于是就在几家报纸上刊登了招聘广告。很快，应聘信件就塞满了他的邮箱。

社交边界

但是这些信件都是千篇一律，写着在哪里见到了招聘广告，然后简单介绍一下自己，最后表达一下期望和感谢。

拿破仑·希尔对此很失望，正在考虑要不要放弃这次招聘时，一封信件让他眼前一亮，并且将她确定为自己的秘书的最佳人选。

她在信上是这样写的："敬启者：您所刊登的广告一定会引来成百乃至上千封求职信，而我相信您的工作一定特别繁忙，根本没有足够的时间来认真阅读。因此，您只需轻轻拨一下这个电话，我很乐意过来帮助您整理信件，以节省您宝贵的时间。您不必怀疑我的工作能力，因为我已经有十五年的秘书工作经验了。"

尝试理解别人的想法，多替别人考虑，理解别人的心理，你将会有不一样的收获。有些人认为所谓高边界感的人就是会说话，其实真正的高边界感的人，并不只是在人前把任何事情都讲得天花乱坠。而是懂得换位思考，让对方从内心深处感受到你的温暖与真诚，让人如沐春风。

立场不同，所处的环境不同，所以很难做到感同身受。越是这样，越是需要我们尝试换位思考，用一颗包容的心去了解关心对方的失意、痛苦。

其实，低边界感并不可怕，可怕的是将低边界感看作是直爽，随意伤人还不自知。《了不起的盖茨比》中有一句话："在你想要评论别人之前，要知道很多人的处境并不如你。"

所以，当你想要让别人意识到错误的时候，一定要和风细雨或者委婉地提出自己的看法，这样才能够让对方更容易接受。

一位老板在视察工厂的时候，看见几个工人正围在一起抽烟。这是一件非常危险的事情，因为工厂里面都是一些易燃易爆的物品，一不小心就可能引起爆炸。

老板非常恼火，他想要走过去严厉地批评他们，然后将"禁止吸烟"的条例指给他们看，并罚他们一大笔钱。但是，这位老板忽然又停了下来。

他想："这样当众严厉地批评他们，或许并不能够取得最好的效果。万一他们恼羞成怒，故意报复我就得不偿失了。"

于是，这位老板决定委婉地提醒那些工人。他走过去，对工人说道："嘿，伙计们，不如我们到外面一起享受抽烟的快乐吧。"

那几个工人听到老板的话，很是羞愧。他们明白这是老板委婉的批评，并且给他们留了面子。于是，他们立即把烟掐灭，并向老板承认错误道："对不起，老板。我们忘了公司的规定了，请您原谅。"然后，他们回到工作岗位上继续工作。从那以后，他们再也没有在工厂里抽过烟，而且见到有别的工人在抽烟，他们也会立刻前去制止。

你开车时，讨厌行人；你走路时，讨厌司机。你打工时，觉得老板太强势、太抠门；你当老板时，觉得员工太没有责任心，没有执行力。

其实，站在自己的位置看其他人所得出的结论，永远都是糟糕的结论。只有换位思考，将心比心，站在对方的立场和处境上考虑对方的感受，才能拥有更好的人际关系。

边界感的底色应该是善良，将心比心。每个人的生活方式、兴趣爱好都是不同的，要以宽容的态度去包容那些不被人理解的人或者事。因为只有你为别人考虑，别人才会替你着想。

面对你不喜欢的人，不要一脸冷漠

生活在这个世界上，我们每天和不同的人打交道，尽管很多不是我们所想要接触和喜欢的人，我们却必须学会与他们保持尽可能和谐的关系。因为他们很可能是与你有利益相连的"朋友"，有些还可能是与你相处一室的职场同事。这些人，与你的生活或工作有着莫大的联系。

因此，就算你心中有再多的不悦，也不应该明显地表现出来，以免破坏人际关系。要知道，与自己喜欢的人交往是人的一种本能，而要与自己不喜欢的人和谐相处，却是一种能力！

二十出头的施瑶在某设计公司策划部实习，她年轻气盛，从不掩饰自己的脸色。

这一天，施瑶刚刚完成了一个方案。在例会上，她第一次站在同事前面将自己的思路展示给大家。结果没等她讲多久，下面就传来了轻微的笑声。原来是两个比施瑶早半年来的女孩在看手机微

社交边界

信。这一下,触怒了施瑶。她停下来,恶狠狠地盯着那两个不懂得尊重别人劳动成果的同事,其他人开始还以为施瑶忘词了,但是片刻之后,大家明显感觉到气氛不对。

施瑶走到那两个女孩旁边,将整本方案甩在她们面前,气呼呼地说:"太过分了,你们有没有念过书,不懂得要尊重别人吗?"随后,头也不回地冲出了会议室,留下一屋子目瞪口呆的领导和同事。

自那以后,领教过厉害的同事都对施瑶敬而远之,上司也几乎不会找她研究策划方案的细节。施瑶成了公司里的"独行侠",内心混乱的情绪使她根本不能专心工作。没过多久,她便主动提出了辞职。

有位智者曾说:"适度地隐藏自己的思想与情绪是智慧的体现。"面对我们不喜欢的人,可以尽量避免和他们接触,但是切不可随意流露你不满的情绪。因为这样只会导致双方矛盾升级,关系闹僵,使自己陷入尴尬的不利地位。

面对自己不喜欢的人,逃避不是办法,冷漠更不是明智的做法。你需要改变的不是别人,而是自己的心态。如果你对别人宽容一些,你们的关系自然就会好很多。对于别人所选择的生活习惯,别人的谈吐,甚至是别人的消费方式,即便你看不顺眼、很不喜欢,也必须学会尊重和接受,因为那是别人的私事,与你无关。

所以,我们一定要学会"喜怒不形于色",让自己的情绪有边界。在人际交往中,这不是什么虚伪,而是一种大智慧。

第三章

做事有边界，有底线更要留空间

> 社交边界

分寸是在彼此之间设置的安全而舒服的距离

凡事过则损,做人需要把握好分寸和边界,与人交往也是如此。人与人之间不是一味地亲近就是好的,各自的私人空间很重要,分寸和边界是在彼此之间设定的一个安全距离。分寸就是知进退,不过线。

叔本华曾写过一个小故事,两只刺猬在冬天相互拥抱取暖。它们会小心翼翼地保持着一定的距离,既保证相互之间可以得到温暖,又会在意自己的刺是否会伤害到对方。这是对分寸感最好的诠释。

人与人交往是需要距离的,特别是朋友之间,一定要把握好分寸感。并不是说你要和你的朋友保持一定的距离,不能掏心掏肺,不能和他们说一些亲密的话,但是你要清楚朋友的底线在哪里?跟朋友交往时,你不能触碰对方的底线,而是应该守住你们之间最适宜的距离。

不然就会像歌中唱的那样："有些人走着走着就散了。"有些人一开始和自己性格相合，喜好也相同，可还是走着走着就散了。一部分原因要归结于三个字：分寸感。

总有一些人会把别人的帮忙当作天经地义，无休止地霸占你的时间，不管你是否能做到，理所应当地将自己的事强压在你身上。说到底，无论双方是什么关系，帮忙是情分，不帮忙是本分。别人愿意忍让，是因为重视，但是总让别人这样忍让就失去了彼此之间的分寸感，再好的关系，没有了距离感，只会把对方推得更远，产生更大的隔阂。

古人说："逢人只说三分话，不可全交一片心。"剩下的七分便是你的底线所在，做一个不逾越他人底线，又能守住自己底线的人，真的很棒。一个有分寸感的人，才是一个有着极高修养的人，他会在适合的场合说适合的话，让大家都很舒服。

在人际交往中，分寸感很重要。而且越是熟悉的人越不能随意对待，熟悉的人才更应该好好珍惜。

刚刚好，其实才是最不容易把握的度，我们在与他人交往的过程中，常常因为没有把握好彼此的分寸，而给自己或者对方带来尴尬和不舒服的感觉。

分寸感很微妙。在日常生活中，那些被夸高边界感的人，其实都是能够巧妙地掌握好分寸的人。他们不一定有多么热情，也不会刻意而为，可是他们知道如何说话和办事才能使别人感觉到舒服。

社交边界

　　他们总是能够了解别人的敏感点，并知道如何避免触及这些地方。他们没有指手画脚的坏毛病，而是尊重别人的选择。和这样的人在一起，有一种妥当的、被保护的安全感。

宽容而不是纵容，坚守底线才能双赢

孔子的学生问孔子："是否有一句话可以终身奉行？"孔子回答说："大概就是'恕'吧。"这里的"恕"可以理解为宽容。从古至今，宽容都是人们心中的美好品德。不过，没有底线的宽容就变成了纵容。所以，每个人都要明确宽容与纵容的界线。

何谓宽容？过往的事不再追究，为宽容。何谓纵容？当下恶行不加过问，为纵容。宽容和纵容的区别在于，宽容是要犯错的一方认识到自己的错误，是无心之举；而纵容是他人明知故犯，仍不加约束。

法国作家雨果说："最高贵的复仇是宽容。"宽容可以让人抹去彼此的仇视，使人们冷静下来，从而看清事情的本来缘由，也看清自己，在遇到矛盾的时候往往比过激的报复更有效。高边界感的人一般都是宽宏大度的人，任何事都想得开，包括别人对自己的伤害，那么他们心里就没有包袱，工作生活就会很快乐。

社交边界

阿诚接到了一位商人的订货单。可就在他完成订单后，对方却突然表示不要了。无奈，他只好解除了订单。按照合同约定，违约方必须做出巨额赔偿。可是，当商人试探性地问阿诚需要多少赔偿金时，阿诚却说："生意场上的事变幻莫测，换了是我，发生这种事情也一样。虽然你不要了，但我这批产品还未遭受损失，所以赔偿就不必了。"商人千恩万谢离去了。

两年后，又有一个商人专找阿诚买他的产品。这让他赚了一大笔钱。阿诚不解地问道："先生，您为什么专门要买我的产品？"

对方回答说："我有一个生意上的朋友经常谈到你，说你这个人不错，待人仁厚，不斤斤计较，可以打交道，所以我就找你合作来了。"

宽容可以让人心怀感激，而纵容往往只会让他们变得目中无人，变本加厉。很多家长经常把"他只是个孩子"挂在嘴边，一次又一次地宽恕孩子的过错。如果没有明确的教育，孩子是没有错误意识的。毫无底线的宽容就变成了纵容，最终只会害了他们。

听过这么一个故事：一个开杂货店的老人抓住了一个贼——一个在附近小学读书的孩子。

或许是第一次偷盗，小孩吓得哆哆嗦嗦，脸都白了。孩子连声哀求老人不要告诉学校，学校一旦知道，一定会把他开除的。老人心软了，于是，只是简单教训了几句，便把他给放了。

没过多久，老人又抓住了这个孩子。孩子似乎摸准了老人的心理，他故伎重演，老人心一软，又把他放了。这之后，老人又抓住过他几次，每次都在他的哀求下，把他放了。

一晃数年过去了，老人正要关门，店内闯进来一个脸上有伤疤的大汉。他连刺了老人几刀，弥留之际，老人问他为什么要杀他。

大汉说，你还记得你曾在店里抓的那个偷东西的小孩吗？就是因为你，才让我觉得偷盗被抓住没有什么，只要我装可怜就会被放了。现如今，我已经回不去了……是你把我害成这样的！然后，大汉又一把火将老人的杂货店给烧了。

老人没有意识到自己没有底线的宽容，反而害了孩子，让他没有及时意识并改正自己的过错，以至于在错误的道路上越走越远。

有人说："一切纵容都是犯罪。"世间既然分对错，那么一次次的宽容会让他人丧失对事物的判断，只单纯地按照自己的兴致来做事，无疑是对他最大的伤害。不分是非，肆意妄为，屡屡犯错都能够被宽容，他们就会不计后果地去做一些有违法律和社会公德的事，最终将会受到制裁。种下什么样的因，便会结出什么样的果。

高边界感的人从不斤斤计较，有一颗包容和宽容的心，同样也有底线。懂得宽容有度，才让宽容不白费。如果宽容太过，只会让人一次次地践踏底线。宽容与纵容之间一定要有一个明确的界线，犯错可以，过线不行。如果突破底线，便不再宽容。任何事情都有解决的办法，任何事情都有它的规则。如果犯错，请接受批评教育，重新树立起对这件事情的认识。

> 社交边界

见好就收，凡事留点回旋余地

人们常说："做人要做到十分，做事只可做到八分。"意思就是说，凡事见好就收，给自己留下回旋的余地。不要让事情发展到极端的情况，在过程中将各种可能性考虑周全，以便在遇到突发情况之后，能够有足够的条件和回旋的余地来主动采取措施。

见好就收，是一种审时度势，一种为人处世的态度。一个高边界感的人不会一味地去追求满足，而是懂得凡事都给自己留有余地，不至于到时候进退两难，把自己伤得伤痕累累。给他人留有空间，自己留余地，才能拥有美好的人生。

一篇名叫《给壁纸眼睛留余地》的文章中，提到了英国著名雕刻艺术家安尼什·卡普尔。有一次记者去采访他的时候，好奇地问道："你成为一名出色的雕刻艺术家的秘密是什么？"

安尼什回答说："其实也没有什么秘诀，想要当好一名雕刻师，只要做到两点就可以了。第一点就是要把鼻子雕得大一点，第二就是把眼睛雕得小一点。"

记者一头雾水，问他为什么。

安尼什回答说："鼻子大眼睛小，就有修改的余地。如果鼻子大了，可以往小了改；眼睛小了，可以往大了改。但是，如果鼻子小了，眼睛大了，就没办法改了。"

美国科学家克里斯托弗说："直言无忌的最大坏处，是不给讲话的人留余地，而且容易挑起冲突。"说话与做事其实是一个道理。狠话说出来了，事情做绝了，不给别人留有余地，将他逼入绝境，最后只会落得两败俱伤、众叛亲离的结局。这是最不理智的。给别人留点余地，其实也是给自己留的，既多了一个朋友，又少了一个对手，何乐而不为呢？

《菜根谭》中说："滋味浓时，减三分让人食，路径窄处，留一步与人行。此是涉世一极安乐法。"高边界感的人，从不会事事争先，处处想赢，在尽兴之余，仍会为别人在画布上留下一块空白地。

凡事留有余地，也是给自己留余地。没有人能保证每一束花朵常开不谢，没有人能保证每一条路的尽头都是成功，没有人能够一帆风顺从不涉险，所以，一定要让自己行不至绝处，言不至极端，进退自如，才能在日后游刃有余地处理事务，解决问题。

人生路上，见好就收，凡事留有回旋的余地，这是人生的智慧。

> 社交边界

不轻易亮出自己的底牌，反而更有吸引力

《道德经》上说："鱼不可脱于渊，国之利器不可以示人。"但现在很多人喜欢在别人面前展示自己，将一切能力摆上台面，以为这样就能体现自己的强大，殊不知，越是向别人全盘展示自己，越会减少自身的威慑力，也会削减对方对你的好奇心。"犹抱琵琶半遮面"，不轻易亮出自己的底牌，反而更有吸引力。

一个人一定要懂得收敛锋芒有所保留，能够笑到最后的一定不会轻易亮出自己的底牌。

黄涛是一家企业的销售人员，因为自己的失误给公司带来了巨大的损失。由于领导层在战略上发生了不可调和的分歧，一些股东选择退出了公司，这一举动导致了企业资金链的紧张。公司让黄涛主持举办一场招商会，目的就是让公司获得资金，从而保持正常运转。

黄涛发展某地市场很久了，与几个代理商的关系也不错，所

以，在开招商会之前几个人就在一起聚了聚。期间，黄涛喝多了，无意之间透露了自己在企业的尴尬处境：离开的股东想把他挖走，而他却选择了留下，企业的资金链出现了问题，这次招商活动就是为了缓解危机。黄涛的话让代理商若有所思，其中一个代理商甚至在招商会开始之前就串通其他代理商集体不签单，打算和企业进行一次谈判，以便谋求更多的利益。

企业资金链紧张的消息被泄露了出去，企业被迫只能接受这一场谈判，还因此遭受了巨大的损失。

即使双方是合作关系，也不能完全将信息共享。因为双方不仅是合作关系，还存在一种为自己谋取最大利益的博弈关系。谈判双方本来要根据存在的优势、劣势、盈利等条件在谈判桌上见真章的，一旦自己的底牌暴露，那很可能就会变成一场不公平的交易。

每个销售人员都不会在开始之前就将底牌亮出，反而会选择抽丝剥茧般慢慢达到自己的目的。不然，当客户的谨慎变成胸有成竹时，你便失去了回旋的余地，必然会损失一定的利益。

不论是人际交往还是商业谈判，就好像是两个人在打牌。看着自己的底牌，也要了解对方的牌，对方出招，就会有自己的应对方式。如果明牌来打，对方便不会再心存顾忌，反而更加游刃有余。在生活中，所谓的底牌，不仅包括你内心的想法，还有你的家庭情况、真实情况，所有你自身的软肋。当你的优缺点都暴露在人前时，别人将更容易拿捏你的七寸。

孟岩刚参加工作时很单纯。每次过节回家，亲戚们难免会问起

社交边界

他的收入情况,而他总是实话实说。大城市的薪酬待遇和老家县城的收入相比,自然差距较大。久而久之,孟岩便成了亲戚们心中的有钱人。谁家娶媳妇、盖房子、生了病,都会去找他借钱。

借给姑姑,不借给舅舅不行;借给表姐,不借给表哥不行。一旦开了头就一发不可收拾,风言风语也越传越多。三年间,孟岩前前后后借出去十万块钱,却把家里的亲戚得罪了大半,成了亲戚口中没良心的人。

后来,孟岩认识了一个高边界感的女友。女友给他出了一个主意:见面先哭穷,说把钱都投进了股市,不仅全赔进去了,还欠了不少债。

当孟岩在亲戚眼中变穷之后,亲戚朋友从当初的嫉妒变成了怜悯,僵硬的关系也慢慢缓和了不少。

人生有时候很难,在许多理不清的人际关系当中,学会"大隐隐于市",揣着明白装糊涂,则可以避免很多麻烦。不轻易向他人展示自己的心思、秘密、底牌,是最为重要的。社会复杂,人心难测,没有人可以保证自己绝对无私,轻易亮出自己的底牌,很有可能成为别人算计甚至攻击你的武器。如果你将自己最脆弱的地方暴露给他人,一旦对方心怀鬼胎,关键时刻你将毫无招架之力。

时刻让对方保持着那份分寸与好奇,让对方对你感兴趣的同时也不会去伤害你,这样才是彼此之间交往的安全距离。不轻易流露感情,不轻易乱嚼舌根,做人才稳妥,毕竟"衣服敞太开,迟早会受凉"。

量力而行，给人一个靠谱的形象

俗话说："量体裁衣，量力而行。"世上的很多事，都要选择最适合当下实力的来做。量力而行的人，才会给别人一个靠谱的形象。

有些人在做事之前，不会先考虑自己是否能够做到，而是盲目追求成功后的鲜花和掌声，反而不能静下心来思量自己的实力是否与目标相符。高边界感的人懂得知难而退、量力而行，他们往往会把真正想做的事和能做的事统计出来，两者重合的部分便是最合适的目标。

股神巴菲特的合伙人查理·芒格曾告诫投资者要在能力圈内行动。他说："我和沃伦都很清楚自己的不足，很清楚很多事我们是做不到的，所以我们谨小慎微地留在我们的能力圈之内。"

当高科技行业飞速发展时，众多资本家纷纷投资，每个人都

社交边界

看好高科技行业的前景，而查理和巴菲特却放弃了这块掉在嘴巴的"肥肉"，其根本原因就是他们都不认为自己在高科技领域具备任何优势，尤其是难以理解软件、电脑等科技行业的发展实质。因此，他们选择正视自己的知识缺陷，尽量选择避开它，这也正是他们高明的地方。

在能力圈内行动说的就是量力而行，一个无法界定自己能力圈的投资者，会非常容易被股市中各种各样的诱惑所牵引，进入一个完全未知的领域，亏损是必然的。

不仅是投资的时候，我们需要在自己的能力圈范围内购买理财产品，在做其他事的时候，也要放弃对能力圈之外各种机会的觊觎，而不是认为自己无所不能。

每个人的能力圈是不同的，所擅长的领域也是不一样的。找到自己长处去经营，避开短处，就能赢得一席之地。

美国作家马克·吐温在文学方面的才华是有目共睹的，而他也曾有过两次投资经商的经历。他第一次投资的项目是一款打字机。有个人找到马克·吐温表示自己正在进行打字机的研究，即将成功，希望他能投资这个项目，马克·吐温欣然应允。

在十几年的时间内，马克·吐温前前后后一共投入了20多万美元，可直到打字机问世，他所投资的项目也没有真正完成。后来，马克·吐温又做起了出版商，但由于不懂财务，也不懂管理，公司最终破产了，还欠了一屁股债。

马克·吐温是靠什么偿还债务的呢？答案是写作和演讲。

你不必成为全能选手,也不必苛求自己在任何方面都能做到优秀。你只需要做好一件事,掌握一项技能,做到极致,就够了。

量力而行是一种智慧。汉高祖刘邦说:"运筹帷幄之中,决胜千里之外,吾不如子房;镇国家,抚百姓,给馈饷,不绝粮道,吾不如萧何;连百万之军,战必胜,攻必取,吾不如韩信。"刘邦自知在三个方面不如汉初三杰,做到不随意插手三人军务,凡事量力而行。如果刘邦不听从张良的计谋,胡乱筹划,不听任韩信的排兵布阵,胡乱指挥,那么项羽也不至于兵败垓下,自刎乌江。

量力而行的本质便是有自知之明,洞察自己的能力强弱。"当今之世,舍我其谁"是一种豪气,更是一种愚蠢。无论能力如何之强,德行如何优秀,都要记得山外有山,人外有人。

法国曾有一位年轻人看到身边的同学在跳舞,甚是好看,便立志要当一名出色的舞蹈家。无奈,父母为了养活他已经拼尽全力,根本再无余力去帮助他完成梦想。

后来,生活变得愈发窘迫,父母不得已将他送到一家裁缝店做学徒,以此来补贴家用。

这样枯燥无趣而且酬劳微薄的工作自然满足不了当时的少年。于是,他写信给当时有"芭蕾音乐之父"之称的步德里,希望自己能够成为他的学生。

然而,步德里并没有这么做,而是给他讲了一个自己的亲

社交边界

身经历。小时候的步德里希望自己长大之后能成为一名科学家，但同样是因为家境贫穷，只能跟着当地的街头艺人卖艺过日子。

少年恍然大悟，不再纠缠，从此努力学习缝纫技术。这个人叫作皮尔·卡丹，是著名的时装设计师。

有时候选择你喜欢的，不如选择你能做的更适合的且更有意义的。生存尚且无力，何谈理想？量力而行并不是什么丢脸的事，既不是临阵退缩，又不是畏罪潜逃，真正丢脸的是那些崩了牙齿也没有撕下一块肉的人。量力而行、尽力而为，没有人会说什么，那些萦绕在耳边的恶语不过是内心的魔障而已。

说到底，量力而行最重要的就是一个"度"，是权衡。法国的一家报纸曾经进行过一次竞猜，问题是：如果卢浮宫失火，你只能抢救出一幅画，你会选择哪一幅？

大多数人都会选择最有价值的画作，那幅名满世界的达·芬奇巨作《蒙娜丽莎》。当然，这绝对不是正确答案。最后，获奖的是法国作家贝尔纳，他的回答是："抢救离出口最近的那一幅。"

这个量力而行只不过是在"最有价值"和"最容易实现"中作出了权衡。当最后有价值的存在无法实现或者有着损坏的风险，那么它的价值就会大打折扣，甚至变得毫无价值。

仓央嘉措有诗言："曾虑多情损梵行，入山又恐别倾城。世间安得双全法，不负如来不负卿。"选择是一种魄力，权衡之后再选择便是一种智慧。高边界感的人往往会量力而行之，舍弃那些不切实际的想法，尽力做好能力之内的每一件事，一步一步踏上成功的阶梯。总而言之，量力而行是人们心中靠谱形象的标签，是人生路上最好的选择。

社交边界

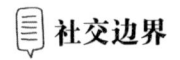

不自满，更不妄自菲薄

哲学家斯宾诺莎说："最大的骄傲与最大的自卑都表示心灵的最软弱无力。"自卑的人不愿抛头露面，常常把自己的懈怠藏在自我安慰之中，对自己的能力评价过低，有时还伴随着一些负面情绪。而自负者带着一张固执和任性的高傲面孔，自以为是、刚愎自用。自卑者害怕失败，自负者懈于努力，只有自谦而不自卑，自信而不自满才是通向成功的唯一道路。

清人申涵光说："自谦则人愈服，自夸则人必疑。"高边界感的人之所以看起来更有魅力，是因为其内心强大的自信，不会自满，更不会妄自菲薄。谦虚是中华民族的传统美德。古语云："海不辞水，故能成其大；山不辞土石，故能成其高。"只有站在自信而不自卑、不自满的基础上的人生追求才会是有作为、有成就的。

老子说："以其终不自为大，故能成其大。"自傲是一个人事业的绊脚石，也是处理人际关系的绊脚石。自傲的人总是过高地估计自己，自视清高，因此很多人都不愿意和他亲近，对他敬而远之。春风得意、学业有成或者仕途顺利的人，往往容易犯这种错误。

曾国藩曾经给他的弟弟国华写信说："自古以来，失德致败的原因有两条，一是骄傲，二是多言。温弟与我相似，话语多为尖刻，常傲气凌人。应当抑制自己……否则，大家都会讨厌你、鄙视你，不可不猛省，不可不痛改！"

京剧梅派创始人梅兰芳是当时四大名旦之首，名噪一时。有一次，他在大剧院演出京剧《杀惜》时，台下的喝彩声不绝于耳。唯独一位衣着朴素的老人摇了摇头喊了一句："不好，不好。"

等到戏演完，梅兰芳来不及卸妆更衣就到台下找到这位老人，并用包车将他请到家中，待为上宾，恭恭敬敬地向他讨教说："说我孬者，是我师也。先生言我不好，必有高见，请不吝赐教，学生决心亡羊补牢。"

老者见到有如此诚心，便指出："阎惜姣上楼和下楼的台步，按梨园规定，应是上七下八，博士为何却演成八上八下？"

梅兰芳一听，恍然大悟，连声称谢不止。自此以后，梅兰芳但凡在当地有演出，必请这位老人看戏，还尊称他为"老师"。高山仰止，虚怀若谷。这就是大师的高度和低度。

日本著名的企业家松下幸之助在讲述人生的时候，用了一个比喻："盲人的眼睛虽然看不见，却很少受伤；反倒是眼睛好的人，动不动就跌倒或撞倒东西。这都是眼睛好的人自恃眼睛看得见而疏忽大意导致的。盲人走路却很小心，一步步摸索着前进，脚步稳

社交边界

重，全神贯注。人的一生中，若是不希望莫名其妙地受伤或挫败，那么，盲人走路的方式就颇值得引以为鉴。"

每个人都应该有自己的人格魅力，都应该维护自己的尊严，不受他人的侮辱与歧视。在人际交往中，不妄自菲薄，平等相交，礼貌待人，还要有自知之明。要时刻谨记，一个人的知识、能力终归是有限的，学习他人的长处，补齐自己的短板才是最可取的。

一个人不因出身、相貌而妄自菲薄，不以个人的地位、才学而盛气凌人，总以谦和平等的态度待人处世，方能成功。

宽容对方的错误，更得对方的拥护

宽容是一种高尚的人格修养，一种成熟的大将风度。人与人之间如果能够彼此谅解，不计较个人恩怨，就能清心降火，在任何情况下，保持平静的心境和宽厚的品格。一个人不能够宽容别人，只是因为忘不掉因为别人的错误对自己造成的伤害。但是，如果选择宽容对方的错误，反而会更容易得到对方的拥护。而且，在这个世界上，没有什么错误是不可以改正的。面对别人的错误，宽容其实比惩罚更有力度。

美国作家马克·吐温说："紫罗兰把香气留在踩踏它的人的脚上，这就是宽容。宽容也是一种管理方法，任何英明的人都不会抗拒宽容。"边界感高的人是懂得以宽容待人的人，所以他们具有独特的人格魅力。宽容他人，既是对人性的肯定，也是对他人的帮助。

李斯特是匈牙利著名的作曲家、钢琴家。他的钢琴演奏技术在

社交边界

当时被誉为登峰造极、无人可比，无论多难的乐曲他都能轻松驾驭。有一次，有一位女孩打算开一场音乐会，而且在海报上自称是李斯特的学生。李斯特听说后，便在演出的前一天出现在了这个女孩的面前。女孩顿时惊恐万分，手足无措。她抽泣着说，自己冒充李斯特的学生实在是迫于生计，并请求他的宽恕。

在知晓其中的缘由后，李斯特并没有恼怒，而是要她把演奏的曲子弹给他听，然后加以指点。最后，他还告诉女孩："不要担心，大胆地上台演奏，你现在已经是我的学生了。你可以向剧场经理宣布，晚会的最后一个节目，由老师为学生演奏。"

李斯特在女孩音乐会的最后弹了一曲，女孩感激不已。

如果我们能够心存宽容，真诚待人，不仅仅计较自己的得失，不在意对方的错误，就能尽可能多地赢得别人的好感、信赖和尊重，就能很好地与身边的人和睦相处。

有时候，很多事情的背后我们是看不到的，当别人因为错误的估计伤害了我们，不要因此而动怒，大动干戈。以怒制怒是最缺乏智慧的表现，那样只会让已经犯下错误的人再犯下更多的错误，激化已有的矛盾冲突。何不以宽广的心胸包容对方的错误，用宽容化解误会，给他人带去一些温暖呢？

莎士比亚在《威尼斯商人》中写道："宽容就像天上的细雨滋润着大地。它赐福于宽容的人，也赐福于被宽容的人。"所以，面对别人的错误，有时候宽容比惩罚更有力量，因为宽容是对生命的一种救度，也许你的宽容可以挽救一条生命。人跟人之间如果相互包容和宽容，彼此相连，才会远离是非与仇恨，珍惜生命和身边的一切。

哲学家康德说："生气，是拿别人的错误来惩罚自己。"别人犯下的过错，如果我们不依不饶，负面情绪随之而来，导致自己的心情变差，很可能还会伤害到我们身边的人。有时候，学会宽恕别人，忘掉他人对你造成的伤害，也可以算是一个明智之举。所以，有人说："无论被虐待也好，被抢掠也好，只要忘掉就行了。"

学会宽容、学会放弃，永远不要将所有的重担都放在肩上，你不需要去拯救世界。宽恕他人的错误，放下受到的伤害，更能获得他人的拥护，更容易在这个时代摸到成功的门。

> 社交边界

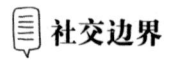

别人不想回答的问题，不刨根问底

沈从文在《边城》中写道："不要刨根问底别人的过去，那可能是永远不想触碰的回忆。"不仅仅是不堪回首的过去，难以启齿的尴尬也是如此，别人不想回答的问题，我们就不要刨根问底了。有些话只适合缄默，在某些情况下，说与不说带来结果就是天壤之别。

语言交流是最简单，也是最有难度的社交方式。在它简单的开口闭口间穿插着复杂的人情世故。几句话可以让气氛热烈高涨，也可以让气氛直坠冰点。总是有人会在提及对方回避的问题时死缠烂打，即使是对方选择回避、不想回答的问题。要知道，不刨根问底才是高边界感。

爱因斯坦说："我没有特别的才能，只有强烈的好奇心。"好奇心是人类与生俱来的天性，是对未知事物有强烈探知的欲望。在说话的时候，卖个关子能够吸引更多的注意力，但是如果对方闭口不言或转移话题，询问一次之后就不要再问了。

但是，由于好奇是人的天性，有的人对别人的故事充满了探求的渴望，别人越是回避，他就越兴奋，这也就产生了很多无效的沟通，使场面陷入尴尬的气氛，一旦穷追不舍逼迫对方爆发，只会让双方的感情出现裂痕。

林雅突然传出了结婚的消息，并打电话邀请同学们来参加她的婚宴。其中有一位同学直接问道："雅儿啊，我们可从来没听说过你有对象啊，你啥时候谈的男朋友啊？"

林雅一脸幸福，回答说："我们从开始到现在已经七年了。"

这位同学又问道："这么长时间我们都不知道，藏得够深的啊，你们什么时候要宝宝啊？"

林雅脸上有些不悦，笑着回答说暂时还没有这个打算。

这位同学不依不饶地说："你有男朋友藏得这么深，有了宝宝是不是也要藏着啊？"

林雅打算尽快结束这场谈话，就说："你们有时间就来吧，我还要找个伴娘，不知道你们谁有空？"这位同学还想问，对方已经挂断了电话。

有些沉默和回避其实就是在表示自己不想说，现在不愿意让别人知道。懂得察言观色，说话适可而止，做事恰到好处，做个高边界感的人不是很好吗？你若执意追问，那只能自讨没趣了。

有些话，别人不愿意说，往往都有自己的想法。要么就是藏在心中的秘密，要么就是现在不是公布的时候，要么就是说话的人不

社交边界

对。无论对方出于什么样的情况，我们都应该给予对方相应的尊重。即使被逼着说出来，也会给说话者的内心带来一些反感的情绪。如果涉及对方的底线，那么还可能会造成彼此关系的破裂。

回家之后，被家里的七大姑八大姨问东问西是常态，毕竟对方代表的是长辈的关心和爱护。但是，有些人总是打着关心的幌子来满足自己的好奇心，什么事情都想知道。可能有人认为不追问下去心里难受，其实就是好奇心作祟，没什么克制不了的。如果对这种事情不以为意，那么就是边界感低的表现。

我们与他人交往聊天，最终的目的就是让彼此心情愉悦，而不是一味地满足自己的好奇心。所以，对于别人不愿意回答的问题，我们也要主动避让，比如对方的隐私、过去等话题。如果是对方主动讲出来时，我们选择静静地听就可以了，并适当给对方一些安慰，切不可刨根问底，追求细枝末节。

每个人都有自己的私人领域，而且每个人都不希望被别人侵占，即使别人需要你的帮助，采用适当的方法帮他们解决就可以了。如果能力不够，也不要超出应有的分寸。要时刻谨记，人与人之间交往是为了保持友谊，而不是八卦消息。

停止不该问的，才能将聊天进行到底，这不仅是说话的技巧，也是个人边界感的体现。如果一个人不知道什么时候该说什么话，只顾着满足自己的感受，这样的聊天是很难持续下去的，而他也很难收获到好朋友。

第四章

做人有边界，赠人玫瑰手有余香

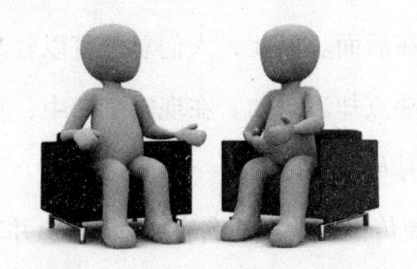

社交边界

善于发现别人的优点，弥补自己的短板

在古希腊神话中，"盗火者"普罗米修斯创造了人类，在每个人的身上都挂了两只口袋。装着别人缺点的口袋挂在前面，装着自己缺点的口袋挂在后面。因此，人们总是可以轻易地看到别人的缺点，而对自己的缺点却不自知。在现实生活中，真正成功的人，都是那些善于发现别人优点的人。

罗丹有一句流传很广的经典名言："世界上并不缺少美，而是缺少发现美的眼睛。"站在秋天的田野里，有的人看到了丰收，而有的人只看到了萧瑟。为什么同样一件事会产生不同的结果？原因就在于有的人懂得赏识、赞美，而有的人只会用挑剔的眼光去看待事物。

美国国务卿克林顿·希拉里多次讲过她读书时的一件往事。在一个春暖花开的季节，希拉里和父亲在公园散步，看到了一个身上穿着厚重的大衣，脖子上戴着围巾，裹得严严实实的老太太。希拉里认为她穿得太夸张了，而且有一些好笑。

对此，父亲脸色一变，对希拉里说："希拉里，我突然发现你缺少一种本领，就是欣赏别人的本领。这说明你在与别人的交往中缺少了一些热心和友善。"希拉里却不以为意，认为父亲太小题大做了，难道父亲不认为老太太穿得太多了吗？

父亲说："恰恰相反，我觉得老太太很值得欣赏。她穿着羊绒大衣，围着毛皮围巾，也许是因为生病初愈，身体还没有完全康复，也许是因为别的什么原因。但你仔细看，她专注地看着树枝上清香、漂亮的丁香花，表情是如此安详、愉快。她是那么热爱鲜花、热爱春天、热爱大自然。我觉得老太太的神情令人感动！难道你不认为她很美吗？"

希拉里认真地观察了一会儿，确实如父亲所说，从老太太的脸上就可以看出她的内心。父亲带着希拉里对老太太说："夫人，您欣赏鲜花的神情真令人感动，您使这春天变得更加美好了！"老太太笑着连声道谢，并从包里拿出了饼干，送给了希拉里。

拉罗什夫科说："赞扬是一种精明、隐秘和巧妙的奉承，它从不同的方面满足给予赞扬和得到赞扬的人们。"渴望得到欣赏是人的本性。边界感高的人之所以被很多人欣赏和尊重，是因为他们能够真诚地欣赏别人。在他们眼中，每个人都有值得欣赏的优点和特点。善于发现别人优点的人，心胸必然很宽广，能够轻易获得他人的好感；总是盯着别人缺点不放的人，往往心胸狭隘，使人反感。如果有一天你可以真诚地欣赏别人的优点，那也是你得到别人欣赏的时候。

社交边界

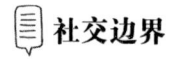

《论语》中有一句话:"见贤思齐焉,见不贤而内自省也。"我们要用欣赏的眼光去看待他人的优点,这样才能弥补自己的短板,才能有所进步。其实,欣赏别人就是欣赏自己,学习别人的优点来使自己变得更加完美。

新东方创始人俞敏洪在演讲中不止一次说到,他一直在向优秀的人靠近,在追随优秀的人的脚步。创立新东方之后,他不断向新东方的各种人学习,不管是年轻还是年老,对他来说没有区别,唯一的区别就是他们身上有没有值得他学习的东西。俞敏洪这种抛弃所有的看法,学习他人身上的优点,集百家之所长,注定会使他成为一个走向成功的人。

成功的前提就是自身变得强大,那怎么样才能使自己变强?有人回答说,和比自己强的人在一起,多看其优点,学习他,然后想办法超越他。这里的比自己强应该解释为在某方面比自己优秀。总之,学会发现和欣赏别人的优点,然后学习,是一个人成为高手的必经之路。

世界上,每个人都有着各不相同的优缺点。如果我们能够忽视别人的缺点,多去发现和欣赏别人的优点,从而学习他人的优点补足自己的短板。既能让自己变得更加强大,还能在人际交往中让自己更受欢迎,何乐而不为呢?

如果我们所有人都愿意去发现和欣赏别人的优点,内心怀着美好和感恩去为人处世,那么这个世界终将变得更加和谐与美好。

雪中送炭比锦上添花更得人心

老话说:"锦上添花人人有,雪中送炭世间无。"大多数人都喜欢锦上添花,毕竟在好的事情面前多几句夸赞,是人们眼中的人情交际。但是,雪中送炭往往比锦上添花更得人心。

雪中送炭和锦上添花都是常见的情感投资的手段,由于被给予对象所处的境地不同,所付出的东西不同,效果自然也不同。锦上添花者,有趋炎附势之嫌,而且这么多花,大有"乱花渐欲迷人眼"的意味,多一朵少一朵,没有人会放在心上。雪中送炭者,却有扶危救困之名。穷困潦倒时拉自己的一双手,会让人铭记一辈子。

有一位心理学家曾经做过一个实验:他们找到了一个饥饿的流浪汉,无偿给他一个面包充饥,并让他给这个面包打分。无论这个面包是什么口味或者材质的,是新出炉的还是昨天剩下的,这个人立刻会给这个雪中送炭的面包打上高分。

接着,心理学家开始给这个人拿来各式各样的面包,让这个流

社交边界

浪汉逐一为面包评分。实验证明，这个流浪汉给后来的面包打出的分数没有一个能够超过第一个面包。

当这个流浪汉得到第一块面包时，立刻吃了下去，认为这块面包美味无比。他得到第二块、第三块面包的时候就不会再有一开始的满足感。因此，雪中送炭往往是第一块面包，而锦上添花的可能是第六个面包，也可能是第六十个面包，而这在流浪汉眼中已经没有区别了。

雪中送炭，你会对送炭的人感激不尽，你会认为没有他的炭你会被冻死；而锦上添花，你会对添花的人有太多的情绪，因为没有他的花，你依旧可以活得很好。

锦上添花，只要人顺风顺势，投入成本之后的回报是显而易见的；而雪中送炭，其前途难以判断，可能不但会竹篮打水一场空，反而还会被其所累。两者对比之下，很多人都会选择锦上添花，不愿意雪中送炭。

高情商的人往往是雪中送炭多于锦上添花。因为锦上添花的人太多了，被添花者未必能够记住你；而雪中送炭的人太少了，如果那个被你雪中送炭的人有一天成功逆袭，他会深刻地记得你，那时候的回报也就不是一星半点了。

所以说，锦上添花远不如雪中送炭更得人心。当他人口干舌燥之时，你奉上一杯清水，远胜过九天甘露。如果大雨过后，天气放晴，再送给他人雨伞，这就没有丝毫意义了。

第四章 做人有边界，赠人玫瑰手有余香

给他人方便，自己更得方便

"盲人打灯笼"是一个众所周知的故事，有人却不解为何一个盲人要打灯笼。其实，盲人打灯笼并不是给自己照路，而是为那些视力健康的人照路，以便他们不会撞到自己。给别人点一盏灯，照亮了别人的同时，也照亮了自己。也就是说，给他人方便，自己更得方便。

一个乡下人进城做生意，在城里一条街上开了一家店铺。刚来不久，他就发现这条街不仅生意不好，而且路面也是坑坑洼洼，到处都是乱石。乡下人觉得很奇怪，就向隔壁的商家请教。

隔壁的商家告诉他，这条路不好走，经过的人或者车辆才会慢下来，人们停下来走进店铺的概率就会增加，这样才能够有生意。

乡下人对这种逻辑表示不以为然。他不顾周围人的劝阻，坚决清理了路上的砖石，并且特地找人将路面修平了。从此，这条街上熙熙攘攘，车水马龙，呈现出一派繁华的景象。当然，这条街上的

社交边界

生意也是越来越好。

大家疑惑地问乡下人："这条街的道路通畅了，人们驻足停留的机会就少了，为什么客流量反倒增多了呢？"乡下人回答说："路不好走，很多人会选择绕路而行。经过的人少了，怎么会有客流量，生意又怎会好呢？"

与人方便就是与己方便，一个浅显的道理，又有多少人能够明白。很多人在生活中为了一些小事斤斤计较，事事都怕自己吃亏，一些随意而为之的事情也懒得去做。长此以往，也许最后吃亏的还是自己。无论在什么时候，退一步便是海阔天空。黑夜中，自己手中的灯亮了，照亮了自己，也照亮了别人。

爱默生说："人生最美丽的补偿之一，就是人们真诚地帮助别人之后，同时也帮助了自己。"边界感高的人往往都是先给对方一个施展拳脚的平台或者帮助对方搭建一个对方所需的平台，让对方很顺利地完成自己所想。对方才会因为感激或者回报，用同样的方式帮助于你。因此，给人方便，自己也会方便，就是边界感高的人做事的准则。因为你愿意付出，别人就会愿意为你付出，双方互惠互利。

高边界感的人绝不是仅仅表现出让人看见的那一部分，更多的是在背后默默地尊重别人，真心地为他人着想，给予他人方便。这种善意低调而主动，不是故意做出来给别人看的，而是发自内心想要给别人减少麻烦。

两个人在一座独木桥上相遇了。桥面很窄，一次只能容许一个人通行。两个人都想让对方给自己让路。一个人说:"我有急事,让我先过。"另一个人也毫不退让:"我也有急事,让我先过。"两人互不相让,争执不下。

不一会儿,有一个人出了个主意:"既然我们谁都不愿意退让,那就同时侧着身过桥吧。"另外一个人心想这个主意可行,就侧着身子和对方脸贴着脸地过桥。这时,一个人暗中推了另外一个人一把,另外一个人在挣扎的时候,抓住了他。结果,两个人同时掉进了水里。

老话说:"利不可赚尽,福不可享尽,势不可用尽。"这个世界并不是围绕着哪一个人,地球缺了谁都会转,所以凡事不要做尽,留点余地。给别人留退路就是给自己留退路。多一分宽容就会多一分理解,多一分善良就会多一分希望。与人方便就是与己方便,别人有路可走,你才不会陷入绝境。

有时候,我们帮助别人可能就是举手之劳,却能意外得到很多惊喜和收获。就像菲利还好心让老太太躲雨,却因此得到了卡内基的一笔大订单,当时的菲利还不知道老太太是卡内基的老母亲。如果在现实中,我们经常对别人伸出援手,与人方便,说不定会遇到生命中的贵人。

路径窄处,留一步让人行;滋味浓时,减三分让人品。与人方便,就是与己方便。凡事不要太过计较,心胸要开阔,给别人幸福也给自己幸福。

> 社交边界

尊重他人，才能被他人尊重

孟子云："爱人者，人恒爱之；敬人者，人恒敬之。"这便是尊敬他人的必要性，当然，赞美与提拔也是一个道理。一个人如果在与人交往中能够足够重视、赞美甚至提拔一些人，那么，他必然也会得到对方的重视。其实，这也是高边界感的体现。

富兰克林年轻的时候建立了一家小型的印刷厂，而且还在选举中成为费城州会议的文书办事员。可是，他卓越的才干却招致一位既有钱又能干的议员的敌视。这位议员很不喜欢富兰克林，甚至公开讽刺、辱骂过他。

富兰克林意识到这种情况不利于自己的发展，便想改变现状。当听说对方的图书馆中珍藏着一本非常稀罕的书籍时，他想到了一个主意。他给这位议员写了一张便条，结果议员很快就让人把书送了过来。

当富兰克林把书还回去的时候在书中夹了一封信，对这位不喜欢自己的议员表示了自己最真挚的谢意。于是，事情发生了转变。当他们再次在会议厅相遇时，议员竟然主动和他打招呼并且很有礼貌，这在之前是从来没有发生过的。从那之后，议员很乐意为他帮忙，两个人还成了好朋友。

很多时候，你的才华或者成就招致别人的妒忌，但也会因为你发自肺腑的尊重从而减少甚至消除这些妒忌。因此，高边界感的人总是怀着豁达、宽容的态度接纳自己的对手，重视、尊重就能把对手变成朋友，你尊重别人，别人才会尊重你。

孟德斯鸠说："我不同意你的话，但是我捍卫你说话的权利。"这也是给别人的一种无形的尊重。

曾有人向大提琴家卡萨尔斯请教，怎样才能成为一名优秀的大提琴家。卡萨尔斯回答说，先成为一名优秀而大气的人，然后成为一名优秀和大气的音乐家，再然后成为一名优秀的大提琴家。

卡萨尔斯的回答很有深意，怎样成为一个优秀的人，人格的魅力往往排在第一位。

爱人者，人恒爱之。一个明白该如何尊重他人的人，才会得到他人的尊重。与人相交，平等是最重要的前提条件。如果你没有做好，凭什么要求别人对你付出呢？当朋友与你约定见面时，朋友因为某些原因迟到了，但并非有意，你可能会心生不满。但如果下一次你迟到了，心中却不以为意，甚至还会找一些理由搪塞，这在人际交往中是最不可取的。

爱尔兰作家、诺贝尔文学奖的获得者萧伯纳在苏联访问的时

社交边界

候，与一个活泼的小姑娘玩了很长时间。分手的时候，萧伯纳得意地对小姑娘说："回家告诉你妈妈，今天同你玩的是世界著名的大作家萧伯纳。"

小姑娘看了他一眼，学着大人的口气说："回去告诉你的妈妈，今天和你玩的是苏联美丽的小姑娘喀秋莎。"

这番话让萧伯纳大吃一惊，甚至感到有些羞愧。后来，他把这件事作为教训，铭记于心。

你想让别人怎样对待你，你就得如何对待别人。你的行为犹如一面镜子，给别人做了良好的示范。如果自作清高看不上别人的话，也容易招来别人的不尊重，因为人最怕的就是自尊心受伤，如果你看不起他，他会反过来用"不尊重"你来还击你。

人与人之间，彼此心灵的天平决定于相互尊重。一个乐善好施、胸怀宽广的人，肯定能获得外界对他的帮助，如果说希望被尊重是一种需要，那么尊重别人就是一种投资。尊重别人就是尊重自己，这不失为一种既优雅又体面的征服。

善待别人，本质就是善待自己

《法句经·刀杖品》中有这么一句话："无害于天下，终身不遇害，常念于一切，孰能以为怨。"意思就是说，如果你对天下没有一点损害，那么你自己也不会受到任何伤害。常怀一颗感恩的心对待一切的人和事，又会有什么事情会使你产生怨恨呢？生活中确实如此，善待他人，就是在善待自己。

如果怀着一颗感恩的心去善待每一件事情，多一分理解和宽容，其实就是在支持和帮助自己。正如一句话所说："幸福并不取决于财富、权利和容貌，而是取决于你和周围人的相处。"

在美国南加州的沃尔森小镇，镇长收留了一个流浪少年。冬季的小镇风雪交加，镇长家花圃旁的那条小路变得泥泞不堪，路过的行人纷纷改道穿过花圃而过，弄得里面一片狼藉。流浪少年见状于心不忍，便冒着风雪看护花圃，让行人仍从那条泥泞的小路上走过。

社交边界

这时，镇长挑回来一担炉渣，将那条小路给铺好了。于是，行人就不再从花圃中穿行了。镇长对少年说："关照别人不就是关照自己吗？"

简单的一句话，让少年的心灵受到很大震撼和启迪。镇长的一句话成为这个少年终生享用不尽的巨大财富。后来，他成了著名的石油大王，他叫哈默。

卡耐基说："如果我们想交朋友，就要先为别人做些事，那些需要花时间、体力、体贴、奉献才能做到的事。"在当今这样一个充满合作的社会，人与人之间就是一种合作的关系。只有我们善待别人，善意地帮助别人，才会更容易得到他们的真诚。即使不求回报，善待他人也会使我们的内心变得无比宁静和喜悦，身上充满了正能量，这也是善待自己。

有一个贫穷的小男孩为了攒学费，挨家挨户地推销商品。此时他饥肠辘辘，却没有卖出任何商品。于是，他向自己的下一个客户——一个美丽的女孩，要了一杯水。但是，小女孩看出他已经饿得不得了了，就送给他一大杯牛奶。男孩问道："我应该付给你多少钱？"

女孩回答说："一分钱都不用，妈妈教导我们，施以爱心，不求回报。"

男孩说："那么，请接受我由衷的感谢吧。"

其实，男孩本来打算退学的，不过他放弃了这个念头。多年以后，那个美丽的女孩得了一种罕见的重病，当地的医生对此束手无策。最后，她被转到了一家大医院。当年的那个小男孩如今成了大名鼎鼎的医生。当看到病例时，他马上起身直奔病房。

他一眼就认出了躺在病床上的人就是曾经帮助过他的那个女孩。从那天起，他就特别照顾这个病人，直到手术成功的那一天。

当医药费通知单送到女孩手中时，她不敢看，因为她确信治病的费用会让她倾家荡产。但是，她还是鼓起勇气，翻开了医药费的通知单，旁边的那行小字引起了她的注意：

"医药费——一杯牛奶。"

一个高边界感的人知道"赠人玫瑰，手有余香"的道理，所以他们更容易交到朋友，更容易获得成功。如果一个人边界感太低，总是喜欢别人为自己付出，一味地索取，而自己却在别人困难的时候找诸多借口。表面上看他得到了很多，殊不知，他们失去得更多，吃了更大的亏。

孟子曰："君子莫大乎与人为善。"善待他人就是善待自己，当你付出善心的时候，你就埋下了一颗善的种子，因此，你也会得到善的回报；当你对他人置之不理的时候，你就埋下了一颗冷漠的种子，当你需要帮助的时候，别人也会对你不屑一顾。

怎样才算是善待他人？善待他人说起来很简单，做起来却不是一件很容易的事，它的范围很广泛。关心他人，当别人遇到困难的时候主动伸出友谊之手；尊重他人，不去探究他人的隐私，不在背后议论他人；善于和人沟通、交流，善于和那些与自己兴趣、性格不同的人交往；承认别人的价值，担负起自己的责任。如果凡事先

社交边界

从对方的角度来考虑，你将获得许多好朋友。

人的一生中，免不了与各种各样的人接触。如果你想生活得更好，就应该想办法获得周围人的支持和帮助。只有你真诚地对待别人，对方才会真诚地对待你。请记住：善待他人就是善待自己。

施恩勿念，更得对方尊重

生活中经常有这样的人，帮了别人的忙，就觉得有恩于人，于是心怀一种优越感，高高在上，不可一世。这种低情商的表现是很危险的，常常会引发反面的效果。

帮了别人的忙，却没有增加自己人情账户的收入，正是这种骄傲的态度把这笔账抵消了。边界感高的人即便帮了别人一个大忙，也不会大肆张扬。你想谁会喜欢因为接受了你的一次帮助，就比你低了一头的感觉呢？

英国著名画家约翰·柯里尔有一幅油画叫作《马背上的葛黛瓦夫人》，这里面还有一个故事。

英国考文垂市的一位伯爵迎娶了葛戴瓦为妻。葛戴瓦夫人貌美如花，气质端庄，但是整天闷闷不乐。

伯爵发现之后很是心痛，问她："为何如此忧郁，难道奴仆们待你不好吗？"

社交边界

葛戴瓦摇摇头，说："这里的百姓脸上都写满了怨怼，我哪里高兴得起来？"

伯爵很生气，说："你为了一群贱民而忧愁，真是有失体统。"

葛戴瓦哀求说："可他们都快活不下去了，您能给他们减轻一点税负吗？"

原来，伯爵为了支持英国军队出征，下令征收重税，百姓怨声载道。两人为此发生争执，伯爵执意如此，葛戴瓦苦苦哀求，甚至不惜针锋相对。

伯爵气急败坏地说："放过他们可以，除非你赤身裸体地骑马在城中大街上转一圈，我就宣布减税。"

第二天清晨，葛戴瓦夫人果然脱去了睡袍，一丝不挂地骑上马，离开了府邸。伯爵想要制止她，却不敢开口，只好骑上马，跟着她。

葛戴瓦光着身子在街上转了一圈，但所有的百姓心照不宣，始终关闭门窗，大街小巷上也没有一个人趁机窥视她。

伯爵问道："你怎么知道他们值得你这样冒险相助？"

葛戴瓦回答："如果真心想帮助他人，就不该去想他人将怎样回报自己，难道不是吗？"

柯里尔说："真正的高贵，是心中明白自己该去救济他人时，就勇敢去做，而不会过多考虑他人是否会因此而感恩，更不会因他人的回应而改变初衷。"高边界感的人不会计较是否能够得到回报，因为他们知道，帮助别人，拥有内心的温暖、充盈和愉悦，就是对一个人最好的回报。

高边界感的人之所以更容易获得成功不仅是因为他们恰到好处地为人处世，还有极具吸引力的人格魅力。有时候不求回报地帮助他人，更能获得他人的好感和尊重，而且在旁观者眼中也会出现钦佩之色。

有关宋朝开国皇帝赵匡胤"千里送京娘"的故事在民间流传甚是广泛。赵匡胤与遇难的弱女子赵京娘素不相识，却真诚地伸出援助之手，迢迢千里相送，一路上以兄妹相待。当有匪徒拦路骚扰，赵匡胤凭借一身正气和刚强的武艺，安全地将京娘从山西送到了湖北的家中，不图任何私利目的。

或许正是这种仗义的性格，使得他能够在天下戡乱的时候，凝聚天下好汉，成就帝王霸业。

很多时候，有些人不愿意无私帮助他人是因为帮助他人做了好事反倒要被别人嘲讽，说他们是做作、出风头。面对这般的风言风语，有人便选择不再轻易伸出无私之手。久而久之，自己就会成为一个自私的人，这是一种消极的心理状态。

生活就是这般，有高风亮节的人，就会有愚昧低俗的人。既然我们不能去改变别人的看法，也不能直接干扰别人的举止，与其自寻烦恼，不如从一开始就把别人对自己的看法抛诸脑后。如果你就是为了回报而去做一件事情，那么在选择之前就要判断是否可以得到满意的结果。

说到底，帮助别人就不要有求回报的心理，不然就不要去做。

社交边界

否则在自己帮助别人后没有得到别人的回报时会产生心理不平衡的感觉，进而影响自己的心情。真正的帮助他人不是对他人的施舍，也不是对旁人的表演，而是发自内心的关爱和给予。

美国一家咖啡馆中，许多素不相识的人都会多付一份咖啡的钱，让每个走进店中的穷人都可以从容地，有尊严地享受那杯咖啡，感受生活的美好，重燃生活的信心。那些多点一杯咖啡的人能够得到什么？旁人的尊重、内心的愉悦和安稳而已。

授人以鱼，不如授人以渔

"授人以鱼，不如授人以渔。"这句话的本意是与其送人一条鱼，不如教别人如何钓鱼。一条鱼只能解一时的温饱，却不能高枕无忧，如果想要一直有鱼吃，那就要学会钓鱼的方法。后来，衍生出传授别人已知学问，不如教给对方学习的渠道和方法。

法国作家拉布吕耶尔说："最好的满足就是给别人以满足。"乐于助人是一个美好的品德，但是任何人对于在同一件事情上多次进行帮助都会产生抵触的情绪，这也是无可厚非的。相比帮助他人频繁地解决问题，不如将解决问题的方法教给他。如此，不但能够收获他的感激，也会节约自己的时间。这便是高边界感的人的选择。

作家老舍先生曾经住的房子不远处有一个破败的庙宇，里面寄宿着平日里以乞讨、卖艺为生的盲人，所以被称为"瞎子庙"。当时，人们的生活条件都不太好，养家糊口都很不容易，更不要说有能力去接济他们了，因此他们的生活非常艰难，挨饿受冻是常有的事。

社交边界

每一次经过"瞎子庙",老舍先生都倾尽所能帮助这些可怜的人。但是,简单的接济根本解决不了他们的生存问题,必须给他们提供一份生计。

于是,他不顾外人的反对,放下了手头的工作,把这些盲人都组织起来,并且自掏腰包买了很多件乐器,将那些会吹拉弹唱的人组成了一个乐队进行集中培训,并给予配合上的种种指导。他晚上熬夜帮他们写歌、编排。等训练完成,他又忙着联系演出单位和场所,并且说服对方给予一定的演出报酬。对于那些没有才艺的人,他便托关系把他们安排到附近的手工厂里工作。

在他的不断努力和奔走下,"瞎子庙"中绝大多数人有了一份足以养活自己的工作。因为有了稳定的收入,很多盲人的生活都发生的转变,大家纷纷从庙中搬出,住进了街上更好的房子里。

自那之后,每天晚上下班,住在街上的盲人都会点亮屋子里的灯,为他照亮门前的那段路。盲人们都说,他们能听出老舍先生的脚步声,那一声声脚步名叫"善"。

"授人以鱼,不如授人以渔。""鱼"只能缓解一个人的饥饿,但是"渔"却能够解决一个人长久的生计。同时,当他人学会"渔"之后,你不仅能够从东奔西跑中脱离出来,还可能会收到他人送你的"鱼"。

比起直接给予对方某种物质,耐心讲解方法或者传授某种信念,反而会更加受人尊重和感激。

不愿担的责任也要抢着担，不愿分的功劳也要大方

很多时候，功劳就像是从天而降的一个美味馅饼，很多人内心充满了挣扎，却仍旧无法将其物归原主。特别是在步步为营的职场中，没有边界感又心存夺功私心的人更是不在少数，他们一边慌不择乱地推卸某项责任，一边又妄想夺取集体功劳，像这种功利心极强的人，最后往往只会被团队所遗弃。

三国末期，西晋名将王浚运用计谋灭了东吴，国家重新归于统一。王浚自以为功不可没，岂料他克敌制胜之日，竟是受谗遭诬之时。安东将军王浑以不服从指挥为由，将他论罪。王浚不服，便一再上书，陈述战场的实际状况，说明"将在外，君命有所不受"。晋武帝司马炎没有治他的罪，还给了他一些奖赏。但王浚一想到自己立了大功，反而被豪强、奸臣们压制，便感到愤愤不平。

因此，他数次晋见晋武帝，一再陈述自己伐吴之战中的种种辛

社交边界

苦,以及被人冤枉的愤懑,有时说到激动处,甚至不顾皇帝的颜面而大骂群臣。王浚的一个亲戚范通知道这些事情后,对他说:"足下的功劳可谓大矣,可惜足下居功自傲,未能做到尽善尽美!"王浚问:"这话是什么意思?"范通说:"当足下凯旋之日,应当退居家中,不要再提伐吴之事。如果有人问起,你也应说是皇上圣明,诸位将帅的努力,我有什么功劳可夸?现在,你一而再地陈诉自己的功绩,他人也不甘只做绿叶,当然会对你冷嘲热讽了。"

不可否认,我们每个人都不可能那么伟大,将功劳全部让给他人。但前提是,在这份功劳中,你是否真正地耗费过心血?你必须明白,只有当你真正将责任全部扛上了肩,真正付出了汗水,你才能最终享有获得荣誉的权利。

在一档真人秀节目里,曾有这样一个场面:一个组齐心协力,历尽千辛万苦完成了一个项目,由项目经理来向赞助商汇报。可这个项目经理一直在强调自己做了什么,一点都没有提组员的贡献,把功劳全部揽到自己身上。结果可想而知,站在他身后的组员们对待这个经理的态度会是怎样,而他们脸上所呈现出来的笑意又是多么别具"深意"。

周鹏是一家销售公司的业务经理,平时在单位里上上下下关系都不错。有一次,他负责的一个项目,在月销售总额排行榜中荣居榜首。为此,他感到十分得意,逢人便提自己的努力与成就。同事们当然也向他祝贺。一个多月过去了,周鹏却发现自己的下属,似乎都在有意无意地回避着他。

周鹏苦思冥想，最后才恍然大悟，原来自己犯了"独享功劳"的错误。就事论事，这个项目的销售业绩当然离不开他本人的努力，但同样也离不开下属的努力，他们当然也应分享这份功劳。

成大事者心里都非常明白：如果不懂得分享的快乐，就会给他人表现出一种"吃独食"的感觉，这样其他人就会反感你，从而不再与你合作。因此，我们一定做到感谢他人，并且与他人一起分享胜利的喜悦，这就是谦卑的重要意义。

今天，已经不是孤胆英雄的时代，无论你从事什么工作、处于什么环境，都无法脱离其与他人的合作，一个人完成所有的事情。所以，我们在各种各样的颁奖典礼上总会听到人们不厌其烦地说着"感谢我的领导，感谢我的同事，感谢某某人"。虽然我们听着这些套话都觉得虚假，可是，千万不要以为这些话是可有可无的套话，就算是虚伪的。因为这是荣誉的一种分享方式，说明荣誉是属于大家的。

身在职场，你需要了解，任何一项工作都需要很多人共同完成，你的成功少不了同事的帮助。如果你总是将功劳据为己有，磨灭他人的功劳，并且一旦到了要你身负责任之时，就诚惶诚恐，那么你必将陷入孤立无援的境地。

所以，千万不要让独享荣誉给你的人际关系带来巨大的障碍了，要知道，我们是大家中的一分子，本应抢着担责任，主动分荣誉。如果你能做到这一点，那么你的人际关系将会有更大的突破和进展。

第五章

处世有边界，不揭短不伤和气

> 社交边界

不揭别人伤疤，彰显自我风度

俗话说："打人不打脸，骂人不揭短。"当自己的短处被别人在公共场合公开时，无论什么人，内心都会感到尴尬和愤怒。人们之所以忌讳这种事情，是因为自尊心受到了伤害。揭人短处是最伤人面子的事情了，所以，如果想交到朋友，就不要提及他人平日中自认为是短处的地方。这就是有边界感的人说话时所具有的礼仪。

王峰身材瘦小，曾经就因为这个先天原因错失了进入国家队的机会，所以他很反感平日里自己的朋友提及这些。对他而言，虽然身材瘦小是天生的条件，但确实成了自己的短板和劣势，是自己不愿意提及的话题。

王峰有一个朋友叫沈荃，身材高大魁梧，和王峰站在一起的时候，更是明显。一次朋友聚会，沈荃在闲聊时突然将话题扯到了身高上，借着酒兴，越说越兴奋，表示自己的身高是很多女孩子追求他的理由。他还说："男人太矮小，没有气质，很难激发女性的好感。"

在场的一些朋友自觉地停止了哄笑，脸色略显尴尬，用眼神示意沈荃打住。但是，沈荃根本没有理会他们，甚至还用王峰的身材开起了玩笑。王峰脸色涨红，对他怒目而视。尽管两人最后没有起冲突，但王峰已然对沈荃没了任何好感。

之后，两人再次相见，王峰再也没搭理过沈荃。

总的来说，在人际交往中揭开别人的伤疤会让人感到不舒服。轻者，伤害了彼此的感情；重者，则双方恩断义绝。所以，要想真正与朋友相处，就要学会体谅他人，懂得维护他人的自尊，切莫去触碰他人心头上的刺。

《韩非子·说难》中记载着对龙的描述，龙的性情非常温和，不过，龙喉之下约一尺的地方有着反向生长的鳞片，被称为"逆鳞"。龙身上的任何部位无论如何抚摸都没有关系，只有这一片鳞，谁也接触不得。不然，它必定会发怒，致人死亡。

人们常说"逆鳞"便是自身的缺点或者使自己产生自卑感的人或事。无论品性多么恭良的人，身上都会有"逆鳞"的存在，而且通常会极其敏感。因此，在人际交往中，我们不仅要避免谈及对方忌讳的点，还要注意与其相关的事件或事物，以免使对方的自尊心受到无谓的伤害。

很多人往往一激动或者生气，尤其是在讲不出道理的时候，就容易揭对方的短。于是，矛盾就此激化，拿对方不光彩的事情做文章，就等于在对方伤口上撒盐一样，是让人难以接受的。很多好朋

社交边界

友都是因为互相撕开了对方的伤疤，才导致一发不可收拾的。

有边界感的人之所以会受人欢迎，就是因为能够在人际交往中，观察得细致入微，体会他人的感受，谨言慎行，避免无意间触碰到对方的旧伤。

没有人能彻底忘掉别人对自己的侮辱，即使两个人是很好的朋友，所有的一切都无法弥补在语言上对对方自尊的践踏和心理上的伤害。不能因为双方非常熟悉，就随意取笑别人的缺点，即使别人嘴上不说，心中难免也会有些反感，而且揭人伤疤终究会伤及对方的人格、尊严。

不去触碰他人的伤口，不去刻意揭开别人的伤疤来满足自己的好奇心和优越感，是一个人最基本的修养。不露痕迹地帮助别人化解尴尬，甚至给予一些帮助，是一个人边界感高的表现，更是自我风度的体现。

不谈论别人的隐私和是非

古语有言："来说是非者，必是是非人。"意思是，在背后讨论他人是非者，必定是一个搬弄是非的人。在人际交往中，有些人喜欢和别人谈论他人的隐私或者是非，以求找到共鸣，达到加深情谊的目的。但是，你把他人的隐私和是非当作谈论的资本，最终将会让自己付出不少的代价。

有道是祸从口出。其实，生活中大多数矛盾都是因为多嘴引起的。无论在什么样的场合，不谈论他人的隐私，听过就只是听过了；不谈论他人是非，在他人谈论时，不附和，不辩白，才是成熟和边界感高的体现。

每个人都有自己的生活，个中滋味别人无法体会，所以要做到：尊重别人的隐私，不打听，不传播，不无中生有；同时，要保护自己的隐私，不轻易泄露，有些东西应该锁在自己的心里，是安全，也是修养。

社交边界

"擅自偷听或公开朋友的秘密,你将失去这个朋友。"这是一句西方谚语。如果朋友没有公开秘密的打算,就证明他有自己的顾虑,这时候更不应该凭借彼此的好友关系进行打探。最不可取的就是,以关心为借口,不顾及对方的感受,自作主张地干预他人的隐私。这种看似细致入微的关系,不仅不会让对方感到温暖,反而会变得难堪。

其实,每个人的生活都应该被尊重,无论如何。不打扰别人的生活,不随便挖别人的隐私,能做到这一点,就是一种珍贵的品质,是一种高边界感的表现。

不应在背后谈论别人的隐私,同样也不应该谈论他人的是非。俗话说:"三人成虎。"即使事实不是如此,讲的人多了,也会变成真相。所以,如果不了解事实真相,就不要轻易下决断,更不要随意谈论他人的是非功过。

电影《搜索》中的女主人公,在乘公车时,因拒绝给老大爷让座,被所有人铺天盖地地谩骂,集体指责她道德沦丧。然而,没有人知道当时的她正在遭受身患癌症的巨大打击。那场舆论风波,把一个本来已经绝望的姑娘往死亡的路上又推进了一步。

《格言联璧》中有句话:"静坐常思己过,闲谈莫论人非。"意思是,当你一个人的时候,想想自己做错过哪些事,如何弥补,如何改正。而在和别人闲谈时,不要谈论他人的是非。

很多时候,即使你很了解一个人,也不应该站在自己的角度评价他的是非,更不要有"他真的就是那样,不是我在说他是非的"

的想法。谈论他人的是非，会蒙蔽一个人的心性，在纷乱不安的情绪中丧失自己的判断。

　　每个人都有自己的秘密或者被表面覆盖的真相，如果你不了解，不能真正体会，就不要轻易评论。只有这样，你才能在人际交往中获得更多的信任与尊重，才能更受别人欢迎。

> 社交边界

多捧场少拆台，更得好人脉

人类行为学家约翰·杜威说："人类本质里最深远的驱策力就是希望具有重要性，希望被赞美。"捧场相当于对别人的鼓励、赞美及支持。高边界感的人大多熟谙此道。给别人捧场，实际上就是对他人的成功给予肯定和鼓励，同时也体现了自己是一个有着敏锐眼光和宽广胸怀的人，也会为自己赢得更好的人缘。

1822年4月的一天，匈牙利少年李斯特在维也纳举办演奏会。当天的演奏充满了活力，他那美妙的琴声紧紧抓住了听众们的心。当时坐在台下的还有举世闻名的大音乐家贝多芬，他也被眼前这个少年的出色表演打动了。

李斯特的演奏刚刚结束，贝多芬就迫不及待地走上了舞台，多次热烈亲吻他、赞美他、热情地鼓舞他。从此以后，在贝多芬的赞美和支持下，李特斯变得更加勤奋了。最终，他成为世界著名的钢琴家、作曲家，有着"钢琴之王"之称，他一生留下的乐谱多达一千二百余种。

人际交往是人生中非常重要的部分，而捧场是打开人际交往的至关重要的钥匙。所谓捧场，就是你发自内心地、真诚地为朋友加油、助威，会不自觉地主动参与到群体活动中去，会把自己的心打开，会真诚地对待身边的每一个人。

鲁迅写过一篇短文，名叫《立论》，其中讲述了一个精彩的小故事：有一户人家生了一个男孩，全家所有人高兴坏了。满月的时候，抱出来给客人看看，自然是想得到一点好兆头。

一个人说："这个人以后是要发财的。"于是，他得到了一番感谢。另一个人说："这个孩子将来是要死的。"于是，他得到了一顿痛打。

人的生命终究有终点，这个孩子终有一天也会离开。但是，如果你当着一个刚出生的婴儿说，肯定遭到对方的白眼和反感。每个人的内心其实都希望别人能捧场。因此，善于给别人捧场的人，也会让自己更受欢迎。

当你在某些场合为他人捧场时，得到的是对方发自肺腑的感谢。其实，说到底，为别人捧场也是为了自己，虽然有时候也需要付出一定的精力和物质，还有最重要的感情付出。当你欣然给予他人赞美之词时，对方也会对你心生好感和感激，如果你有需要帮助的时候，他们也会义无反顾。

每个人都希望得到更多的鼓励，所以我们不妨就把帮助和赞许别人的表情挂在脸上，多多给人捧场。

> 社交边界

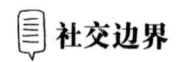

拒绝时不伤对方面子

汪国真说:"拒绝别人一定要委婉,因为没有人喜欢被拒绝;被别人拒绝一定要大度,因为拒绝你的人总有他的理由。"在生活中,有时候拒绝别人是不可避免的。但是,很多人不知道的是,拒绝也是有技巧的。

边界感高的人在拒绝别人时,会说比较委婉,不会伤了对方的面子。

刘丽是一名HR,每天负责招聘各种岗位的人才。

有一次,公司需要招聘一位项目主管,有十位能力非常优秀的人通过了面试。最终,公司从这十位候选人中选择了最合适的一位留下来。

这时,HR刘丽就需要将"未被公司录取"的消息告知剩下的九个人。刘丽给对方打电话,是这样说的:

"王宇先生,您好!我是刘丽,环宇公司的HR。我打电话是通知您，刚刚公司决定录取张显辉先生为项目主管。最近公司决定拓展海外的业务，张先生的国外从业经历成为公司雇用他的决定因素。但是，公司的领导对您印象非常深刻，并且非常高兴能够借此机会了解您，如果下次还有合适的机会，我们会第一时间联系您，您看可以吗？"

拒绝别人，无疑是一件既会让对方不开心，又会得罪对方的事情。所以，如何说才能不伤别人面子就显得尤为重要。HR刘丽就将这件事做得很得体。

高边界感的人，永远不会轻易得罪人。他们在拒绝别人时，会讲究方法和技巧，即使说"不"也会保留对方的面子，使对方免受伤害和尴尬，更不会去故意伤害别人的自尊心。

"现在电话销售让人烦不胜烦，你都不知道他从哪里知道了你的电话。"李圆没等对方说几句话便气呼呼地挂断了电话。"王姐，你说这些人是不是很烦人？"

王姐笑了笑说道："以前我也是这么觉得的，直到有一次我做过一段很短时间的电话销售。电话刚接通，还没等说完一句话，便被人挂断，那种自尊被人踩在地上的感觉，这辈子我都不想再体验一次。"

王姐顿了顿，接着说道："所以现在不管对方是打电话找我买房子，还是买保险，虽然我不会买，但是我都会将对方的话听完，然后将自己的意思告诉对方再挂断电话。"

拒绝是一把双刃剑。它能够帮助你回避不愿意做的事情，同

社交边界

样也能够给你的人际关系泼冷水。因此，你在拒绝别人的时候，可以向边界感高的人学习技巧。同时，你的拒绝一定要经过深思熟虑，不要随便拒绝别人。这样，你才能在社交场合中如鱼得水。

不合时宜的玩笑不要开，有尺度就是有边界

开玩笑，可以让我们的话变得幽默风趣，更有吸引力。但是，开玩笑要分场合，不能无视身边的氛围和环境，盲目地乱开玩笑。生活中，我们经常看到一些人在不合时宜的场合开玩笑，结果不但没有达到预期效果，反而给大家带来尴尬。

有人喜欢拿别人的相貌开玩笑，看起来挺幽默的，却忘了自己的一句玩笑，会对别人造成多大的伤害。比如，"你长得这么安全，走夜路鬼看见你都要躲开""看看你这肚子，怀孕几个月啦""你这身高，属于二等残废了吧"……

在错误的时间、错误的地点、错误的场合下乱开玩笑，那玩笑就不再是玩笑，也不再具有任何趣味，而是变成了挑衅、侮辱和出洋相。诚然，开玩笑是为了轻松气氛或者增进感情，或者希望大家乐一乐。但是，在严肃的场合随便开玩笑，就有可能因为破坏气氛

社交边界

而招致别人的反感。

因此,在与他人交往的时候,我们需要根据不同的场合,不断变换自己的"角色"。在严肃的场合不随便开玩笑是规矩,更是为人处世的基本礼仪。该严肃的时候就要有严肃的样子。否则,别人只会觉得我们过于轻佻,不够稳重,不够懂事,不堪大任。那么,在实际的生活和工作中,有哪些场合是不适合开玩笑的呢?

1. 在规定的工作时间内,通常不适合开玩笑

在工作时间开玩笑,容易分散自己和同事的注意力,破坏工作氛围,影响工作效率,严重者甚至会导致事故发生。因此,对于工作中乱开玩笑这种现象,管理者往往是深恶痛绝的,一旦抓住,不会轻易放过。

2. 跟上司或长辈讲话时,也不要瞎开玩笑

无论是在职场还是在家庭中,人与人从来不是平等的,父亲天然比儿子高一辈,领导职位比员工高一级或几级。因此,双方在产生跨阶层谈话时,通常比较严肃,需要遵守一定的"规则",不可随意乱说。

想想看,身为儿子的我们能跟自己的父亲一起讨论"哪个女孩的腿比较长,比较白"吗?父亲不能言语轻佻,以免教坏儿子,儿子也不能过于放肆无忌,乱了辈分。所以,当我们与身份地位高过我们的人交谈时,一定要尽量"乖巧"一点儿,严肃一点儿。

3. 在需要保持安静的场合下，也不能乱开玩笑

生活中，有许多场合是需要保持绝对安静的。比如，上司正在进行年终总结，分析今年亏损的原因时，应保持绝对安静，不可为缓和气氛而随意发言。

4. 气氛沉重的场合，绝对不能开玩笑

在气氛沉重，比如别人的葬礼上或者集体默哀等场合，乱开玩笑绝对是禁忌中的禁忌。

总而言之，在人际交往、待人接物中是有雷区的，更是有边界的。我们如果想保持愉悦的交流体验，和别人进行愉快的对话，或是在公众场合不被人针对，就必须掌握这些禁忌和雷区，然后小心地避开。

> 社交边界

付出有底线，莫要好心办坏事

莎士比亚说："一颗好心抵得过黄金。"其实，这个世界还是好人多。很多时候也会因为好心人而感到温暖，但是有时候又因为别人的好心而觉得很受伤。本是好意，却把别人推到了一个尴尬的处境。因此，无论做什么事都要分场合，莫要好心办坏事。

好心办坏事的根本原因就是由于没有搞清楚利害关系而盲目做事。"坏事"所带来的弊远远大于"好意"带来的利。而高边界感的人一般不会犯这种错误，因为他们善于换位思考，能够站在对方的角度看问题，保证他们的利益不被损害。

好心办坏事，让别人感到尴尬的情况，大多是在不同的场合中说了不该说的话，做了不该做的事。在一次公司聚餐中，同事的衣服上沾了点污渍。这本无伤大雅。结果，你好意大声提醒对方，反倒将众人的眼光吸引过来，同事衣服上的污渍成了全场的焦点。你看似好心提醒，却让他陷入了尴尬的局面。事后，你不仅不会因为出言提醒得到感激，反而会遭到对方的冷眼相看。

这种行为便是把自己的个人意志强加到别人身上，只要自己认为对某人有利，而且从自己的个人情理上解释得通，就完全不会在乎当事人的想法与感受。也许你认为这件事对你来说是一件无关紧要的小事，可能在对方那里却是关系面子的大事。你无法真正了解一个人的内心感受，所以，无论从主观还是客观判断都是不正确的。因为每个人都是独立的个体，有自己的标准和准则。其他人，无论关系远近，都是无法参与的。

在《三国演义》中，赤壁大战前夕，曹操亲率百万大军，驻扎在长江北岸，打算横渡长江，取下东吴。东吴大都督周瑜带兵与曹操隔江对峙，双方剑拔弩张，准备大战一场。

蒋干是曹操手下的谋士，因为从小和周瑜一起读书，便向曹操毛遂自荐，要到东吴去做说客，劝降周瑜，免得大动干戈。

周瑜听闻之后设下计策，款待蒋干，并且邀请蒋干同榻而眠。夜里，蒋干随便翻了翻周瑜的来往信件，发现水军都督蔡瑁、张允私自给周瑜写的降书。知晓两人打算暗中除掉曹操作为投名状，第二天蒋干带着伪造书信不告而别，面见曹操。

为了邀功请赏，蒋干也没有思量真伪，在大堂之上将书信交给曹操。曹操看完之后，大怒，下令处死蔡瑁、张允二人。事罢，曹操醒悟过来，知道是中了周瑜的反间计，但自己已经被晾在了大堂之上，有人询问为何处死那二人，曹操只能支支吾吾地随便编了一个理由搪塞过去。

社交边界

那么，如何避免好心办坏事呢？答案就是与人保持必要的边界感。

什么是界限？心理学家武志红说："所谓界限，就是'我的'和'你的'是分得很清楚的。这是'我的'家，'我的'财产，而不是'我们的'。"如果失去了界限，就会产生一种"共生现象"。让对方产生"我的就是你的，你的也就是我的，我们是一体的"的错觉。而一旦一方无法满足另外一方，另外一方就会产生一种深深的背叛感。而当初给得越多，这种背叛感就有多强，进而全都转化为恨。

真正的善良，不是一味地付出，而是恰到好处的帮助。凡事过了头，好心引发的就是祸端。

有些你自以为是的善，其实并不是善，而是助长恶的罪魁祸首。

所以，要做个好人，但不要做烂好人。

善于帮他人打圆场，为自己网罗人缘

每个人都会有难堪的时候，当身边的人因为一些原因处于尴尬的情况时，学会帮别人打圆场化解尴尬，无疑会让你赢得一个好人缘。

善于帮他人打圆场，不仅代表了一个人的思维灵活、处变不惊，还是一种高边界感的表现。高边界感的人会不失时机地帮助别人跳出困境，为自己赢得更多的友谊和青睐。

比如，有人在领导唱歌的时候不小心被切歌了，你可以打圆场说："唱得那么好听，我以为是原唱呢，你也听成原唱了吧，以为没人唱就切歌了是吧？"

比如，在一个酒会上，当服务员不小心把酒洒在了朋友的身上，朋友正要发火，服务员吓得脸变了色。你可以笑着说："哈哈，看来你这衣服太漂亮了啊，连酒都迷恋，忍不住往你衣服上靠。"

再比如，有人问你的朋友："你业务能力那么强，啥时候升职啊？"朋友正不知该如何回答时，你可以说："我猜，他实在是太

社交边界

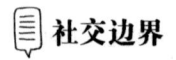

喜欢自己的上司了，想在他的团队多待会儿呢！"

一句玩笑话就把众人关注的重心转移到你这边，众人哈哈一笑，笑的是你的玩笑，也就不再关注当事人的尴尬了。

打圆场是一个人幽默和修养的体现，也能展现他的大度。很多时候，热心肠的人不仅比自私冷漠的人要快乐，也更容易交到朋友。能够在别人尴尬时，说出几句幽默恰当的话，就能让大家从尴尬的氛围中走出来，何乐而不为？与其看着他人在场上尴尬不堪，不如出面圆场，给他人施以援手。

生活中，尴尬的情况比比皆是，你可以试着用一些幽默的话语救场，在化解尴尬的同时，还能展现你的个人魅力。

一个会打圆场、会说话、能够轻松帮助他人化解尴尬危机的人，怎么会不受到他人的喜欢呢？由此可见，打圆场是人际交往中很重要的技能。

不小心说错话，幽默诙谐来化解

俗话说："人有失足，马有失蹄。"在日常生活中，即使雄辩如苏秦张仪，也有不小心说错话，陷入窘境的时候。这时，运用自己的高边界感来让脑子转个弯，用幽默诙谐来化解尴尬，不失为一个好办法。

不懂幽默的人在俄国作家契科夫眼中是没有希望的人，即使再聪明也不能称之为智慧。一个幽默的人能够驾驭自己的思维，让自己的脑子因地因时地转弯。当高边界感的人说错话时，他们不会去争辩，强行扭转观点，也不会听之任之。他们会选择在不破坏气氛的情况下，用幽默诙谐将自己的错误圆过去。

在婚礼现场，一名年轻的司仪向两位新人传达祝福："你们即将步入婚姻的殿堂，共同度过漫长的婚姻生活。幸福美满的婚姻需要两人去共同经营。机器想要运行顺畅就需要润滑剂，你们就好比是两个旧机器……"

社交边界

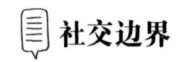

司仪的话还没有讲完,前来参加婚礼的亲朋好友就发出了一阵嘘声,台上的那对新人也是尴尬得面红耳赤。司仪突然想起来,这对新人是各自离异之后,久经波折才走到一起。在这种场合下,将他们比喻成两个旧机器,好像是在讽刺他们一样。

但是,司仪却不慌不忙地开口说:"……两个旧机器,已经过了磨合期,接下来只要享受美好的生活就可以了。"

话音刚落,台下顿时响起了掌声,那对新人在听完司仪的话后,也感觉到格外幸福。

口误通常发生在一个人心情紧张或者激动的情况下,但是,如果当时停下来为这个失误辩解,反倒会将这个错误放大,引起对方的不满。如果对方脾气暴躁,发生口误的人就会在别人火气的压力下,急忙解释证明,紧张混乱的思维只会让对方更加厌烦,谈话气氛也会就此降至冰点。

当你说话出现失误时,不妨幽默一番,在谈笑间轻松化解尴尬。所以,如果出现过失时,千万不要着急、懊恼,冷静下来,用恰如其分的幽默,在轻松的氛围中给出合理的解释。

巧妙地用幽默来解释自己的错误意义重大,因为幽默是获得他人理解的第一步,也可以让他人看到我们有勇气正视自己的错误。

人无完人,每个人免不了会出现一些失误。在交谈中出现一些失误是一件很正常的事情。关键在于如何去处置这样一个失误,顺着自己的话说下去,然后利用幽默纠正这个错误。有时候,补救的话还可以达到意想不到的效果。但是需要注意的是,在使用幽默补救言语失误或者不当的举止时，应当根据不同的场合采取不同的方式。如果只是单纯地拘泥于形式，有时候反而会起到相反的效果。

有句俗话叫："塞翁失马，焉知非福。"能够将自己不小心说的错话，经过咬文嚼字，让意思发生改变，是用幽默处理的最好方式，关键看你如何去发现，并加以利用。让自己的思维转弯，利用幽默的力量补救不小心说错话的尴尬，或者用另一种委婉的方式表达出来，同样也会让人更容易接受。

幽默大师林语堂提倡生活的艺术，而幽默是生活艺术的极品。它的特征在于能够给人带来快乐，它的强大之处在于影响力或者说穿透力。一句幽默的话，就能够帮人化解尴尬，它是获得良好人际关系的最佳武器。

音乐泰斗钱仁康认为："幽默是一切智慧的光芒，照耀在古今哲人的灵性中间。凡有幽默的素养者，都是聪慧的。他们会用幽默手腕解决一切困难，而把每一种事态安排得从容不迫，恰到好处。"其实，高边界感的人一般都是幽默的人。他们不仅可以让自己脱离说错话的尴尬，还可以在别人陷入失误的境地时帮助他跳出那个险境。

当你突然发现自己不小心说错话的时候，不妨让自己的思维转变一下，变化出另外一种说话方式，将自己的失言解释得更加有趣味且合理。

> 社交边界

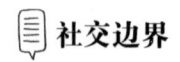

动不动就发脾气不是个性，是没修养

都德曾说："好脾气是一个人在社交中所能穿着的最佳服饰。"生活中，对于那些无法约束和管理自己脾气的人，大多数人只会敬而远之，因为没有人会愿意与一个脾气不好的人交往，这样的人就像一个炸弹，稍不注意就会将自己连同身边的人炸得粉碎。

中国女排在国人心中一直享有很高的名誉，而她们之所以人气高，成绩好，一方面是因为郎平和队员们的名气，另一方面是因为郎平教练平日里为人特别温和，从不无缘无故发脾气。

长期担任郎平助手的李勇就是这样评价郎平的："郎指导非常善解人意，会站在你的角度考虑问题，帮你想得很周到。另外，她很有修养，很少发脾气，喜欢跟队员讲道理。无论她在哪里执教，球队的气氛都很融洽。她的名气，是从运动员时期就开始了的。所以走到哪里，不管老球员还是小球迷，都很喜欢她。"

郎平不仅用她的实力，证明了自己现如今的地位，同时她也用她的好脾气，赢得了不少人气。

　　心理学博士张怡筠常说的一句话是："压抑情绪有害健康，但没有节制地发火同样于事无补。即便你再猛敲方向盘，也不可能让前方的红灯变成绿灯；对送快递的小伙子发火，他下次只会最后一个给你送件"。

　　的确，越冲动的人，就越容易引发他人内心的厌恶，从而点燃对方心中的排斥之火，最后反而让自己遭到反噬。著名演员谢霆锋曾在演唱会上因为愤怒而摔了吉他，陈小春也曾因为被观众丢荧光棒而愤然离场。很多年轻人看到这些视频后，大呼："太有个性了！"殊不知，多年后的谢霆锋觉得当初的自己是那么幼稚，下台后的陈小春也返场和观众们道歉。

　　事实上，一个人的脾气与一个人的修养有着莫大的关系。动不动就发脾气绝对不是个性的体现，而是一种修养的匮乏。

　　周末，袁志军去超市购物，结账的时候看到了这样一幕：他排队的那个柜台的收银员，正在脸红脖子粗地和一位穿着同样工作服的人争吵。原因好像是这个柜台的收银员想从另一个收银员那里换些零钱，但对方以很忙没时间为由拒绝了。气不打一处来的收银员上来就说："让你换点钱能死啊！"对方一听这话，火了，开始了一场针锋相对的吵架。

　　旁边的其他工作人员赶忙前来劝架，虽然事情暂时得以平息了，但袁志军这个柜台的收银员依旧一边小声地骂骂咧咧，一边手忙脚乱地扫着商品条形码，脸上还带着不屑的表情。

社交边界

等到袁志军结账时，他忍不住对那个收银员说："姑娘，消消气儿，年纪轻轻的哪那么大火气，你别忘了这么多人在看着你呢！"

没想到，对方对着袁志军大叫道："我又不是跟你发脾气，你管得着吗？"

袁志军当时就觉得莫名其妙，原本购物时的好心情也都被这个姑娘给搞坏了。结完账的袁志军想：真是没有修养的女人，估计这辈子也就这样了，工作上也不可能有太大的起色。

有边界感的人，总是懂得温和地对待周围的人，因为没有人会理所当然地包容你的坏脾气。只有那些没有修养的人，才会动不动就发脾气，而且，发了脾气又能怎么样呢？还是不能解决问题。而那些备受欢迎的人，在遇事时往往都是动之以情晓之以理地与别人交谈，从来不会大发脾气，拿别人当出气筒。

或许对于那些初来乍到的社会新人来说，因为刚刚脱离家庭和学校的关怀，所以免不了克制不住自己脾气。但请你明白，如果你不能尽快投入社会中去，不能尽快学会为人处世，不注意控制自己的情绪，那么不仅会让你的形象受损，而且还会因为你的不尊重，导致你与他人的关系决裂，这将是一个非常大的损失。

其实，动不动就发脾气的人并不是在证明自己，往往是在伤害自己。所以，请你不妨试着放慢语气，努力平复自己的心境，这样才能让自己迅速回归到正常的情绪中。毕竟发脾气只是一时解气，但之后的残局可能会让你头疼不已。

第六章
幽默有边界，分场合才能恰到好处

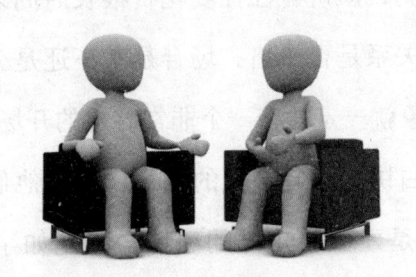

> 社交边界

有趣的开场白，瞬间成为焦点

高尔基说："开头的第一句话是最困难的。它好像在音乐会里给了全篇作品以音调，演讲者往往要花费很长时间才能找到它。"不论你与交谈的人关系是否热络，场合是私下还是公开，想要脱颖而出、留下深刻印象就一定要有一个非常有趣的开场白。

有趣的开场白讲究引起别人的注意，获得他们的好感。开场白有两项任务：一是建立与对方的感情；二是如字面意思，打开场面，引入正题。

无论是在求职还是在交际的时候，见面的第一句开场白很重要，是评判一个人非常重要的标准。如果一个人的开场白唯唯诺诺、羞羞答答，那么这个人就是一个害羞、不爱交朋友的人；如果一个人的开场白非常随意，语言毫无特点，那么这个人就是一个大大咧咧的人，等等。总之，通过开场白可以看到一个人的性格，也决定了他在别人心中的第一印象。

如果你习惯于用"今天天气不错""你今天真漂亮"之类的话语来做开场白，只会让人走神。如果你能设计一个悬疑式的开场白，激发起对方的兴趣，那么接下来的交流就会变得非常顺利。

如果你能够把一件事情的"吸引点"总结出来，而这个点恰好是对方也关注的，那他一定希望了解整件事情，同时，他的注意力也会被全部吸引过来，你的开场白才算是成功地勾起了对方的兴趣。

演讲也是同样的道理。如果开场白是："各位领导、听众，你们好，我今天演讲的题目是……""很抱歉，因为时间太紧，我没有来得及好好准备演讲……"之类的，太过普通观众也不会花太多的注意力在你身上。

李元朗曾经听过一位医护人员的演讲，仅仅是第一句开场白就抓住了所有人的注意力，因为演讲者说了这样一句话："我在二十岁的时候，就曾死过一次。"此话一出，便让李元朗产生了极大的兴趣。

在两个多小时的演讲过程中，他利用了很多确切的医学论证，讲得很详细并极富哲理。在座的每一个人都听得很认真，没有一个开小差的。

演讲之所以引人入胜，原因在于准备了一个很好的开头，达到了一鸣惊人的效果。除了利用悬疑引起对方的兴趣，幽默也是一种很好开场方式。

边界感高的人会在开场白中尽力发挥自己的幽默细胞，因为他

社交边界

们懂得只有在一开始吸引了别人的注意力，对方才会有兴趣和耐心听你接下来的发言。在开场白中运用幽默法则，不但可以放松对方的身心，而且还能够让你变得更加富有情趣，在第一时间消除彼此之间的疏离感，让社交在轻松愉快的气氛中完成。

现在，你知道一个有趣的开场白的重要性了吧？它不仅可以让你在哈哈大笑中很快和大家建立起感情，还能让别人对你加深印象且关注你。所以，时刻为自己想好一个有趣的开场白吧。如果实在没有的话，借用一些现成的小笑话同样能达到暖场的效果。

用有趣的方式自嘲,博得对方的好感

幽默在生活中很重要,尤其是在说话上。自我调侃也是一种幽默,它可以帮助你瞬间摆脱尴尬的窘境。当你被别人当作取笑的对象时,惶恐狼狈、恼羞成怒都是不可取的。一个边界感高的人,是善于幽默地自嘲的。在遭遇尴尬时,他们可以敏捷地接过对方打趣的话头,让它对准自己,来个以退为进,用有趣的方式自嘲,成为自己的高端黑。这不但可以转移别人的视线,帮助他们摆脱困境,争取有利局势,还能提高别人对他们的好感度。

美国的赫伯·特路在《幽默的人生》一书中把自我调侃列入了最高层次的幽默。自我调侃是用开自己玩笑的方式给大家带来欢乐,可以将自己身上的缺点、毛病放大,说出来不仅不会让人觉得厌烦,相反会让人觉得可爱。

能够自我调侃的人会给人留下一种豁达的印象,让别人看到你调侃自己幽默的一面,他们会更加愿意接近你。当然,自我调侃

社交边界

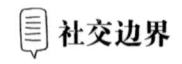

不一定非得是防御性的,它还有助于调节气氛。当日常工作压力大、没有什么娱乐活动时,我们可以用自我调侃来舒缓一下自己的心情。

有一个人还不到四十岁头发就掉光了。有一天,他在街上遇到一个工作中的竞争对手。对手就嘲讽他:"哟!这么早就没头发了,是想太多了吧?"

中年人听了很生气,但想了片刻之后,轻轻一笑,说道:"对啊,聪明绝顶了。"那个嘲讽他的人只好闭口不言了。

有的人在遭遇尴尬时,通常会表现得很无助或者面红耳赤地与对方争吵。这只会让事情变得更糟糕,既丢了自己的面子,也解决不了问题,还会让自己的人际变得关系越来越差。如果能够坦然地自我调侃一下,就不会发生这样的情况。

很多时候,自黑,就是为了给别人营造一种你不在乎的假象。如果有一件事情你一直不敢说,那就说明这件事的负面影响还没过去。同样,如果一个人说你坏话,你耿耿于怀,说明你将对方的话当真了。但是如果你顺着对方的话自黑一下,对方也不好意思再来开你玩笑,因为没有人会愿意把精力和心思耗费在一件对方并不在乎的事情上。

所以,当你的缺点被别人嘲笑时,不要立刻恼羞成怒;遭遇尴尬时,也不要一味地掩饰。这样只会将你的不足暴露出来。你可以勇于承认,然后利用自我调侃的方式来帮自己解围,既能摆脱别人的嘲笑,又能显示自己大度。幽默地自嘲,能够给自己和他人一个台阶。不管是谁将话题陷入尴尬境地，都可以利用这个方法，轻松应对。

不要太过在意别人的嘲笑，也不要嘲笑别人。那些喜欢嘲笑别人的人，有时会搬起石头砸自己的脚。每个人总会有这样或那样的不足和遗憾，如果这些可以成为某些人嘲笑别人的佐料，那最后遭唾弃的还是嘲笑者本人。学会包容和尊重，或许人与人之间就多了一份祥和。而善于自嘲的人，除了他们洋溢的智慧和乐观的心态之外，还有他们对人生的态度。

生活中，人们都喜欢会说话幽默的人。善用自嘲，则可以最大限度地让我们免于困窘。自嘲并不是拿自己出丑，自嘲者讽刺的往往不是自己的缺点，至少他的优点是多于缺点的。适时的自我调侃不仅能让你和周围的人开心一笑，还能表现出自己豁达的胸襟。这是一种真正的洒脱。

> 社交边界

自夸式幽默，让他人会心一笑

当一个拥有某项成就之后，并不会当众夸耀自己有多了不起。很多人认为，爱自夸的人都是狂妄自大，爱炫耀的。其实，这是一种片面的理解。有时候，用自夸来展现自己的幽默，能够达到不俗的效果，让人会心一笑。

有些人不习惯于自夸，因为在他们心中，还是奉行前辈们推崇的"谦虚"这一美德，对于自夸往往抱有抵制的心理。但是自夸和自吹自擂是截然不同的，前者是以事实为基础，讲究说话的方式方法，经过适当的艺术加工；后者则浑然不顾事实真相，吹牛皮、说大话。苏秦和张仪游说列国，苏秦鼓吹合纵，张仪宣扬连横，就是自赞自夸其外交方针、军事策略如何高明。适当的自夸不仅可以提高一个人的自信。

早些年，黄渤一直想成为一名歌手，但是拼搏了多年，并没有成功。机缘巧合之下，他进入了影视圈，最终还成了影帝。成功之后，黄渤再次搞起了自己喜爱的音乐事业。这一次，没有人再嘲笑他了，反而是一味地夸赞黄渤唱歌好听。

有一次，记者在采访黄渤时称赞他说："你现在演技厉害，又签约了唱片公司，可以说是'全能艺人'了。"

黄渤并没有自谦，而是说道："人家都是分偶像派和实力派，我是'偶实派'，所以就要力争做偶像派和实力派的混合体。有这么多才能，我也很苦恼，但是没办法，能者多劳嘛。"

这种标新立异的自夸式幽默，不仅不会让人反感，还能让人听了之后忍俊不禁。很多人都认为"低调"是好事，"自卖自夸"会让人感到反感，即使自己很努力工作，能够取得一些成绩，依然会表现出"还差得远"的态度。然而，越是这样，他们越容易错失机会，而那些勇于大声说出自己优势的人反而会更容易得到赏识。这是因为越"低调"的人，越无法让更多人看到你的能力，也越不容易得到更多的机会。

当然，我们并不是说"低调"不好，低调是一个人谦虚的表现，优势大于劣势。如果你害怕因为自夸而被贴上不好的标签，不妨在一些场合，用幽默的语言适当地夸自己一下，不但能够活跃气氛，而且还能获得别人的好感，更重要的是让他们能够了解你的优势。

很多时候，一味地自谦也可能变成一种"无效谦卑"。如果你习惯于将所有的成就都推给别人的话，人们往往会忽视你的努力。慢慢地，你在别人眼中可能会变成可有可无的角色。所以，学会自

社交边界

夸式幽默是一件很重要的事。

当然，在自夸的时候，也要注意分寸，同时运用一些语言的技巧，让你的语言更加富有内涵。比如，"扬己抑人"自夸法，是为了活跃稳态气氛而建立在愉悦别人的基础上的，并不是真正地嘲讽对方。而当你自夸的优势与实际情况相反的话，这种差异对比就会产生更多的笑料。

有一次，刘震云为女儿导演的电影《一句顶一万句》做宣传时说道："11月的电影市场向来比较低迷，但是今年不一样，今年11月份有三把热火。一把火是冯小刚的《我不是潘金莲》，另一把火是李安的《比利·林恩的中场战事》，11月份就是三雄鼎立，你看我多么厚道，在自己的发布会上还宣传别人的电影，还是两部。"

在人际交往中，学会自夸式幽默比故作谦逊更能显示你的亲和力。所以，该自夸的时候，不必谦虚，利用说话的技巧，让自己变得更受欢迎吧！

各种活泼的段子，能拯救你枯燥的谈风

随着网络的发展，各种有趣的段子层出不穷，并且时时更新。在与人交谈时，如果能够灵活运用各种有趣的段子，就能够让谈话的氛围变得活泼起来。

如果你能够将其应用到社交之中，无疑会让你的谈话风格变得更加有趣，并且一直保持在一定的水平之上。很多人都希望自己能够变得幽默，或许他们偶然间找到了一个笑点，逗得身边人哈哈大笑。为了更受欢迎，他们翻来覆去地讲这一个笑点。也许刚开始会吸引别人的注意力，但是再好笑的笑话频繁地讲，也会变成老生常谈，让人听了如同嚼蜡。

幽默就像是艺术，来自生活又高于生活，人们需要时时更新自己的"数据库"。这时，比较火的网络段子就会成为你的首要选择。尤其是现在信息变得越来越自由，你在表达幽默的时候，可以灵活融入更多的搞笑元素。

何炅在录制《向往的生活》时，有一期，几个嘉宾撑着大的塑

社交边界

料袋玩得很开心。然而他们并不是在制作什么,只是单纯地在玩游戏,显得有点傻气。

旁边的人说道:"怎么会有这么无聊的游戏呢?"

接着,有嘉宾也跟着开始吐槽,正在玩的人有些不好意思。

何炅站在旁边说道:"怎么会有这么无聊又好玩的事!"

这十三个字充满了人生道理,网友们纷纷点赞。

事实上,很多人都称赞过何炅的高情商,而且在他主持的节目中也经常说出一些非常幽默又充满智慧的话,让人争相模仿。

生活的车轮在不断前进,如果我们一直在原地踏步,在人际交往中是很难引起别人的注意的。因此,我们在表达自己幽默的时候,可以注意下面六点。

(1)打破常规的说法

有很多耳熟能详的言语,但说多了难免觉得寻常平淡,而稍做修改就变得新颖有趣,而且幽默感十足。

比如:"路遥知马力,日久见人心。"

如果我们稍做修改:"路遥知马力不足,日久见人心叵测。"不但意思变得犀利,而且也幽默了很多。

(2)夸张

夸张是一种修辞手法,但也是很多段子手屡试不爽的一种幽默手法。

(3)比喻手法

运用比喻的修辞手法来表达幽默,比起平面直抒更加形象有趣。

比如：如果睡眠是一种艺术，谁也无法阻挡我追求艺术的脚步。如果生活只是个悲剧，我也要做个官窑上品青花瓷杯具。

（4）在幽默中加入广告语

广告在生活中非常常见，而且说起来朗朗上口，在此基础上，改一下也会变得很有趣。

比如：农夫山泉的广告语"农夫山泉，有点甜"改成"人生三大奋斗目标：农妇、山泉、有点田"。

（5）负能量真相段子

近两年特别流行一语道出真相的负能量段子，也是很黑很损很有趣的，在适当的场合，可以向那些朋友放个大招！

比如：又一天过去了。今天过得怎么样，是不是离梦想更远了？

（6）故意歪解

用似是而非的荒唐道理去解释事物，让人啼笑皆非，产生幽默之趣。

在人际交往中，能够保持"新鲜感"是一件非常重要的事情。你只有变得新鲜、有趣，才能吸引别人的注意力。所以，你要不断地为自己充电，了解各种流行词语或者幽默手法，将其无违和地融入你的话语中。这样，你才能保证自己的幽默是新颖的，也才能引起别人的兴趣。

> 社交边界

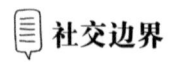

借题发挥的幽默，轻松化解不满和尴尬

借题发挥的意思是借助某件事情、某个人、某个物品或者某句话做文章，来表达自己的真实想法。当人们遇到难以说出口的话或者难以解决的事情时，可以借助当下的某件事情来加以阐明，诠释一种全新的思想，从而形成幽默。

比如，在社交场合，你难免会与人产生摩擦。如果这时，你和对方争执，彼此之间各种言辞激烈对撞，事态就会变得越来越严重。这时，如果你能够巧妙地借用某件事情委婉地表达自己的不满，则可以让对方听起来更加舒服一些，不会因为针锋相对而做出不理智的行为。

当然，"借题发挥"，不是将问题放大，而是利用幽默将问题大事化小，在和谐愉悦的气氛中解决问题。

与人交往时，别人请你帮忙在所难免。但是，有时候别人的请求超出了你的能力范围，或者对方与你关系并不好，你不想帮忙，如果直言拒绝可能会伤害对方的面子。此时，你就可以借题发挥，找到某个事物作为切入点委婉地表达自己"不想帮忙"的意愿。这样做既不会得罪对方，又能达到自己的目的。

当遭遇尴尬时，很多人往往会不知所措，不知道该如何去打破僵局。利用当下的某个点去借题发挥，无疑给人们提供了一个非常好的思路。"借题发挥"的幽默，不仅是一个好的表达技巧，同时还可以建构起一个独特的幽默氛围，帮助你巧妙得体地摆脱遇到的尴尬场景。这样，既能够展示你的幽默，又能够让别人对你心生好感。

马歇尔在去参加酒会时对一位漂亮的女士心生好感。于是，在酒会结束之后，马歇尔便请求送她回家。

这位女士的家其实离酒会现场并不远，但是马歇尔却开了一个多小时的车。在一个多小时的时间里，他们聊各种话题，气氛一直非常好。

到家之后，这位女士对马歇尔说："你是刚来这里的吧，好像不太认识路。"

马歇尔笑着说："美丽的女士，如果我对这个地方不熟悉，怎么可能绕了这么久一次都没经过你们家呢？"

机智的回答，离不开幽默的语言。但是，很多人表示"不知道该如何去借题发挥"，常常掌握不到要领，发挥不了最大的效果。其实，你可以从下面四个方法入手。

（1）根据性别特征"借题发挥"

人类世界，最大的差别就是男女的不同。在交谈时，借助性别

社交边界

来发挥自己的幽默能够取得很好的效果。比如,有一位女士向一位男士抱怨:"现在的男人真是太不懂得体贴了。"男士回答:"我非常赞同您的观点,所以我才喜欢女性。"男士没有去努力辩解,而是借助"性别之差"巧妙地从另一个角度表达了自己的观点,既幽默又展现了自己的风度。

(2)根据身份的不同"借题发挥"

每个人都在生活中扮演不同的角色,同时又拥有多重身份,借助不同的身份,可以找到不同的幽默点。比如,在美剧《生活大爆炸》中,一个经典的借助身份发挥幽默的情节就是:谢尔顿做梦的时候,梦到自己在荒野上,天上挂着两个太阳。谢尔顿没有对此进行理论分析,而是说:"哦,有两个太阳我却没有带防晒霜!"马上就戳中了观众们的笑点。

(3)根据对方的兴趣爱好"借题发挥"

最能够引起对方注意的就是和他们兴趣爱好相关的话题,一旦你抛出一个与之相关的"包袱",对方立马就会高兴不已,并且会将你认为知己。如果你恰好了解对方的兴趣爱好,在与他交谈时,就可借此来发挥自己的幽默。

(4)根据不同场合来"借题发挥"

和陌生人交谈时,彼此都不了解,不知道该说什么,你想说一些俏皮话,又害怕不小心戳中对方的痛处,所以经常会冷场。这时,从本身所处的情境出发,夸大当下场合的某些特征,就能快速获得对方的认同,从而展开话题。

所以，当你对别人产生了不满或遭遇尴尬，又不知道该怎么表达时，可以尝试"借题发挥"，幽默地说出来，这样反而能取得更好的效果。

> 社交边界

让生气的人笑着熄怒火，迅速修复人际关系

很多时候，人与人之间的矛盾就在于沟通不到位。当一个人在充满负面情绪或者是遭遇刁难的时候，第一想法就是拍案而起，与对方大声争吵，绝对不能够落于下风。但是，这样解决问题的方法通常只会让事情变得更加糟糕。边界感高的人，会在别人生气的时候选择一个更好的解决方法。

在上班早高峰时，一辆公交车上挤满了人。突然，司机来了个急刹车，车里站着的人倒了一片。有一位男士一不小心撞到了前面的女士。正当这位男士想要和对方道歉的时候，前面那位女士却非常生气且鄙视地看了男士一眼说："你这个色狼，什么德行。"

听到骂声的乘客纷纷看向男士，目光有好奇的、鄙视的，还有看热闹的。就在这时，这位男士赶忙道歉说："非常抱歉，女士。不过你说得也不对，这不是德行的问题，而是惯性问题。"

男士的话刚说完，车上的乘客以及那名女士都笑了起来。一场

即将爆发的争吵也就此平息了。

一般情况下，当一个人生气的时候，别人越是解释，他就越生气。他认为你是在辩解，是在挑衅他。为了不让自己失去面子，他自然要和对方争个高低。但是，生活中的有些事情并不一定非要得出个输赢来。一场争吵，不仅浪费了自己的时间和精力，而且会给别人留下一个不好相处、斤斤计较的印象。

其实，当你面对那些无关紧要的争执时，不需要与其针锋相对，因为就算是赢了也没什么意思。退让一步，用幽默的语言向对方道歉，既能打破紧张的气氛，又能让对方看到你的风度，从而不好意思再与你争吵下去。

其实，总是与别人生气是一件非常愚蠢的事情。因为经常愤怒不但会摧毁你的身体健康，而且很容易让你变成一个不理智的人。学会管理自己的情绪，用平和幽默的方法去解决问题，你就会发现自己越来越受欢迎。

很多人疑惑："难道别人故意刁难，我也要忍气吞声，强行幽默吗？"事实并非如此。在复杂的社会环境中，每个人都有自己的喜好。可能你认为这是优点，别人却认为是缺点。为了发泄不满，他们便会故意刁难你。

这时不必忍让，你可以用犀利的言辞反击回去。当然，你不能够完全不顾形象地大吵大闹，而要巧妙幽默地讽刺回去，让对方心服口服。比如，林肯在演讲的时候，忽然有人给他递了一张纸条，纸条上写着"笨蛋"两个字。林肯面对侮辱，没有当众发怒，而是

社交边界

笑着对台下的听众说："我收到过很多匿名信，从来都是只有正文，没有署名。今天收到的这封信却恰好相反，只有署名却没有正文。"

你看，如果普通人被人这样当面侮辱，可能早就与对方争吵起来了。林肯却幽默地将众人的注意力从辱骂事件转移到了别的地方，既缓解了尴尬的气氛，又有力地反击了对方。很多事实证明，在诙谐与欢笑中解决难题，比正面相争能够取得更好的结果。

不管是成功人士还是普通人士，都会遇到令人生气的事情。在生气的时候，一旦对别人发火，就会引发矛盾。即使你是老板，如果经常对自己的员工发火，就会不得人心。这时，懂得幽默就能起到非常重要的作用。利用幽默的语言来化解尴尬，平息对方的怒气，让对方反怒为笑，就是你的胜利。甚至，因为如此，别人更加愿意和你做朋友。

第七章
竞争有边界，不逞强以退为进

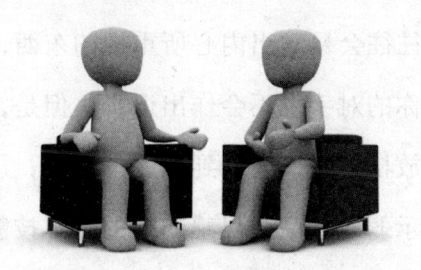

> 社交边界

学会示弱，以退为进是高人

有一种智慧叫作示弱，但大多数人往往更喜欢逞强而不愿意示弱，总穿着强大的外衣，想要依靠行动来赢得尊重。当双方针锋相对时，一步不退往往会暴露出内心所重视的东西，即使在你强大的精神压力之下，你的对手也不会作出退步。但是，示弱却不同，它可以让你的对手放松警惕或者得到他人的理解，从而得到更多的空间来发展。懂得示弱，是高边界感的人的基本技能。在场面僵持不下或者处于劣势时，他们都会选择以退为进来达到他的目的。

《孙子兵法》中有言："攻心为上，攻城为下。"示弱便是一场攻心的战争，同情心是人类共同具有的特征，如果你可以很好地运用这一点，那你在待人处世方面会变得更加游刃有余。适当地示弱，取得他人的同情，打动对方的内心，会让我们更容易达到目标。

一位著名的电视制作人在接受采访时，表示自己的成绩来源于边界感，她是一个懂得示弱的人。

第七章　竞争有边界，不逞强以退为进

在人际交往中，示弱可以减少不满或者嫉妒。在事业上取得一定成绩的人，虽然是靠自己对机遇的把握和不断的努力赢来的，但嫉妒这种情绪是客观存在的。一般在消除别人这种无法瞬间瓦解的负面情绪之前，适当示弱可以将他的消极状态降低到最低的程度。

示弱可以让处境或者实力不如你的人能够保持心理平衡，在人际交往或者工作中可以获得好感和帮助。要想示弱能够产生不凡的效果，就必须善于选择表达示弱的话。当一个成功的人站在一个平庸的人面前，不妨展示一下自己的不足以及曾经的悲惨遭遇，让对方产生共鸣或者让对方感到"家家有本难念的经"。

王阳是一家企业的经理。企业里有一位工程师对他颇有微词，认为他什么都不会干就知道瞎指挥。最近，这位工程师抱怨工作任务太过繁重，于是向上级申请给他配一个助理。

说实话，这位工程师负责公司许多机器的运转，工作量确实很大，但是公司的人力也是十分有限的，工作任务也很重，所以作为经理的王阳没有办法满足他的请求。但是，通过王阳的一番话，这位工程师还是心满意足地投入工作中去了，而且干得比之前更起劲。

王阳到底和他说了什么？首先，王阳为那位工程师设了一间单人的办公室，办公室的门上挂了一块写着"服务部主任"的牌子。王阳还告诉他，现在他俩的级别差不多，只不过为了公司，还是要把工作做好。最近公司比较忙，人手不够，等哪天招新人了就为他

153

社交边界

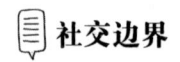

安排一个助理。

如此一来，这位工程师再也不觉得自己低人一等了。坐在这间办公室里，他感觉自己是一个部门主任，自己在公司里很重要。正是这个"服务部主任"的头衔和王阳的示弱，让工程师感到了自己被重视，从而更加热情地去工作。说到底，工作量还是那么大，王阳用了一个恰当的示弱方式，便让工程师从此转变成另外一种工作态度。

在有些人眼中，示弱就是软弱。其实不然，示弱是一个变通之计，是一种理智的忍让，是为了同一个目的展现出的不同方式而已。

示弱也是一种谦逊之德，放低身份，低头示弱，承认不足。这种以退为进的手段，以一名弱者的姿态做事，凡事用谦卑的心态面对，让双方感受到在人格上的平等，才能让交往和事业变得游刃有余、蒸蒸日上。懂得示弱的人，是一个充满智慧的人，也是一个能被大众认可、维护、赏识的人。

不争，你将得到更多

　　《道德经》上写道："夫唯不争，故天下莫能与之争。"意思是因为不与人相争，所以天下没有人能与之相争。在当今的大环境里，不争者更容易受到别人的嘉许和认可。不争的人，并不是无欲无求、临阵退缩，不是懦弱，更不是没有本事，而是用一种更高明的方式化解干戈，使得事情向着对自己有利的方向发展。

　　有一句话叫："欲为大树，莫与草争。"在人们眼中，高边界感的人都有一种豁达的胸襟，无论什么场合，什么话题，你若一步不退，我便闭口不言，丝毫没有抢夺在人前威风的心思。但是，即使这般谦和退让，也并不会让周围的人看轻他们，反而会更青睐他们。

　　中国古代有一位贤德的皇后名叫卫子夫。她本是一介平民歌女，没有娇艳妩媚的姿态，也没有显赫的家世，但就是凭着"不争、不显、不露"这六字箴言，一步步成为中国历史上第一位有独

社交边界

立谥号的皇后。

在母凭子贵的后宫，卫子夫生了一男两女，汉武帝也因此特别宠爱她，但是她从来没有恃宠而骄。在当时的民间流传着一句评价卫子夫的俗语："生男无喜，生女无忧，独不见卫子夫霸天下。"

后来，入官的卫青、霍去病也没有依靠卫子夫的关系，而是通过远征匈奴来建功立业。卫青最后官拜大将军，但是他从来不结党营私。卫子夫做了六宫之主，弟弟卫青又是朝中中流砥柱，外甥霍去病也深受汉武帝喜欢。最终，卫子夫成了一代贤后。

在如今高速发展的时代，人们做什么事都喜欢与人争，就好像如果不争就不能体现他们的价值，是一种软弱、没本事的表现。有时候为什么会堵车？不是因为开车的人多，而是很多人都有着赶时间抢道的打算和行为，见缝插针，直到最后堵得水泄不通，结果浪费了更多的时间去等待。

在学校与同学相处不好，在单位与同事相处不好的人，很大的原因就是太过争强好胜，总喜欢与人针锋相对，最后与他人水火不容。就像葛拉西安所说："当我们与人较劲的时候，你的竞争对手会想尽办法挑出毛病，而且可能将毛病放大很多倍，来让你名誉扫地。而当双方以礼相待的时候，这些短处常常会被忽略掉。"

我们总是在争名夺利的道路上奔跑，却从来没有回过头看看自己所拥有的。一直觉得前方的风景肯定是最美的，殊不知，就是在奔跑的途中错过了很多风景。期待使然，最后总被失望吞噬，还把原因归结到命运的不公上。

第七章 竞争有边界，不逞强以退为进

李开复写过一本书叫《做最好的自己》，书中的意思是每个人认识到自己是独一无二的，每个人应该在自己的基础上不断超越不断进步，而不应该和周围的人去比较、去斗争。

美国有一个地方召开了一次作家集会，许多作家都应邀而至。集会上的大多数人在不停地炫耀着自己的作品，有一位衣着朴素的女子却坐在角落里，静静地倾听着激烈的争吵声。

她身边的一位名不见经传的作家见到她与场中的名人作家不太熟络，以为是一个不起眼的小作家，便开始喋喋不休地向她吹嘘自己的一百多部作品，最后还问她有几部作品时，她微笑着回答说："我只写了一本书。"

身边的作家顿时心存轻视，得意地问了一下那本书的书名。她回答道："《飘》。"

那个作家马上就羞愧得不说话了。

这个女人就是玛格丽特·米切尔。

有很多人总是喜欢争强好胜，一言不合就开始相争，而且必须要争赢才肯罢休。可是，即使他们表面上赢了，实际上却输了很多。玛格丽特·米切尔没有选择去争，即使强势地证明自己比那名小作家强，《飘》这本书也不会再上升一个高度，反而会让人认为她输了气度。

真正的不争是拥有让人高山仰止的气魄和格局，无畏流言，不与他人争论是非；不屑名次，不与他人争抢高低；也不愿与他人争夺名声和利益。不争并不是不明是非，从来不把小事放在心上，保

> 社交边界

持自己情绪与思维的清净。所以，不争的人更容易达到目标。

林语堂曾经在《风声鹤唳》中曾写道："不争，乃大争。不争，则天下人与之不争。"慢慢地，你会发现，不争是人生中的大智慧，它会让我们明白你将得到比你想要的更多。

收起你的优越感，低调让你更具魅力

古语云："天不言自高，地不言自厚，以万物为参照，可洞观一己之不足。"意思是说，天地虽然没有说自己多么高、多么厚，可是人们都看得见天的高远，地的辽阔。一个高边界感的人是不会得意忘形地到处炫耀自己，展现自己的优越感，他们所选择的一种低调的生活态度，反而会让人觉得更具魅力。

高边界感的人总能摆正自己的位置。在他们眼中，人生没有什么值得炫耀的。其实低调的人，也并不是与世隔绝，而是能够在一个嘈杂的社会里，不喧闹、不造作、不招人嫉妒。当你处于辉煌人生顶峰时，不必一定要做别人眼中最优秀的那个，收起你的优越感，低调一下可能更有魅力。

苹果公司的首席执行官库克说："我喜欢提醒自己来自哪里，将自己置身于不起眼的环境有助于自己前行。"低调是一种思想境界，很多有大学问的专家、学者，都是生活简朴，为人低调，不愿

社交边界

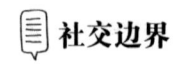

张扬，宽容有度，从而得到人们从心底的尊敬。低调做人，看似降低了自己，其实是自身的人格得到了升华。

俗话说："满招损，谦受益。"有锋芒是好事，在特定的场合中展示一下自己的锋芒，也是有一定的必要的。但是，物极必反。凡事做太过，不仅会刺伤别人，也会损伤自己。不如将锋芒藏起来，等到该使用时再展示出来岂不是更好。

低调的人往往都很谦虚，而谦虚是将生活看得通透，彻底将自己融入生活当中。故意做出来的，矫情装出来的，不是低调，是低姿态。真正的低调，是内心中的一种态度，无论身在何方，身处何处，都不会为之改变。

有一次，齐国的国君要封扁鹊为"天下第一神医"。然而，扁鹊却坚决不受，说自己并不是天下第一，自己的两个哥哥医术都比他高明。君主听完之后，心中不解，问道："既然你的两个哥哥的医术都在你之上，为何此二人名不见经传？"

扁鹊回答道："我二哥扁雁能够治大病于小恙，在那些重大疾病只出现微小症状之时，就能加以诊断并及时根治。所以他只是在家乡的村里小有名气，村里人知道有小毛病可以去找二哥。而大哥扁鸿的医术更加出神入化，能够防患于未然，只要看人一眼就可以判断出这个人可能会得什么毛病，然后在其得病之前就予以预防治疗。所以只有家里人知道大哥的医术高明，连村里人都不知道大哥的水平。只有我扁鹊，既不能治大病于小恙，又不能防患于未然，等到我妙手回春时，病人已经病入膏肓了，所以我的两个没有名气的哥哥才是神医，而我只是个名医。"

禅语中的"高高山顶立，深深海底行。"大概就是对低调最形象的描述了。这种深藏不露，才使得低调有了特殊的魅力。

> 社交边界

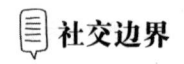

保持谦和，才能让你的光环更持久

老话说："雁过留声，人过留名。"无论一个人身处什么地位、什么境遇，都希望自己的作为能够得到周围人的肯定和好评，能够获得一个头衔，一种光环。一个人身上的光环就是身边的人给他贴上的标签，是一种荣誉，是对他这个人或某个行为的赞赏和肯定，它能够让人们产生满足感。如何面对这种光环，反映着一个人的见识、品质和边界感。能够在光环中保持谦和，光环才能够更持久。

南怀瑾先生认为，"'骄傲'这两个字是分开用的：没有内容而自以为了不起是'骄'，有内容而看不起人是'傲'，后来连起来用就是'骄傲'。"无论多大的学问、多大的荣耀，一旦骄傲就会面临着失败，身上的光环就会随之消散。无论面对什么荣耀，高边界感的人都会保持谦逊的态度，从不会将荣誉紧紧握在手心，安心地躺在功劳簿上。如果怀着这种故步自封的态度，不再学习，不再进步，终究会淹没在时代的洪流中。

俗话说:"火要空心,人要虚心。"人们称知识渊博的人为"有学问"的人,其实,所谓"学问",就是既学还问。虚心向别人请教,才能不断进步。

欧阳修是北宋有名的大文豪,他文才出众,官居高位,为人却相当谦虚,经常虚心向别人求教。例如,他每写完一篇文章,必先"草就纸上、粉于壁,兴卧观之屡思屡议"。其脍炙人口的优秀作品《醉翁亭记》,用字精炼,文辞优美,被人们传诵至今,此文就曾得益于一位老樵夫的指教。

当时,欧阳修写完《醉翁亭记》一文,命人贴到外面,希望行人帮助他修改或提意见。有一个老樵夫读了几句:"滁州四面皆山也,东有乌龙山、西有大丰山、南有花山、北有白米山,其西南诸峰,林壑优美……"连连感叹太过啰唆,并说:"我砍柴时站在南天门,大丰山、乌龙山、白米山还有花山,一转身就全都映入眼帘,四周都是山!"

欧阳修听后,忙说:"言之有理。"随即修改为"环滁皆山也"五个字。这就是我们今天看到的《醉翁亭记》言简意赅的开头。

人在低谷时记得感恩很容易,巅峰时不忘旧情很难,在顶着无上荣耀的光环时,这种态度尤为难得。

头顶的光环也具有两面性,就像带刺的玫瑰一样,美丽却会伤人。一生中荣获两次诺贝尔奖的著名科学家居里夫人说:"荣誉就像玩具,只能玩玩而已,绝不能永远守着它,否则就将一事无成。"荣誉和光环都是过去,千万不能让昨天的荣誉变成今天的负

社交边界

担，成为继续前行的阻碍。一旦用荣誉和光环将自己的进取心填满，那最终的结果只能是站得越高，摔得越惨。如果身居光环之下，自我陶醉，不思进取，一旦挫折、失败突然袭击，这样的人脆弱的心理防线一触即溃，只能乖乖地向命运低头。

西方曾经有一位能力极强、名气很大的画家。他对作画总是怀有精益求精的态度，所以，他的画无论是人物还是动物都会入木三分。

之后，他有过这样一番言论："我画中的种种细微之处即便是用放大镜来仔细观察，也不会发现一点疏漏。"开始的时候，很多人被他的画作所折服。在当时，他的画极负盛名，业界人士都予以了极高的认可。

但是，不久之后，绘画的很多流派骤然兴起，如印象派、野兽派等。而这位画家却不以为意，整日只研究自己的画作，完全看不上其他风格的画作，甚至还曾恶意中伤其他的画派，讽刺他们粗鄙浅薄。

随着时间的推移，他的画作在人们心中的热情逐渐消失，直到最后再也没有人向他请教了。一直紧握着光环的画家最终变得穷困潦倒，遗憾地离开了人世。

很多人往往会因为取得一点小小的成就就欣喜若狂，并且带到别人面前夸耀，这样势必会引起别人的反感。带着不稳定的光环、怀着不安分的心对其他人指指点点，会让身边的人感到妒忌、敌视，会使自己的人际关系变得一团糟，甚至可能会遭到他人的暗算。

《论语》中孔子说过这样一段话："孟之反不伐，奔而殿，将入门，策其马曰：'非敢后也，马不进也！'"孟之反不夸耀自己，当军队安全撤退时，他却在后面掩护他们，在将要进入城门时，他故意鞭打马说："不是我敢于殿后，是我的马跑得不够快啊！"孟之反的谦和并不会引起同僚的反感，反而会让人们更加敬佩他。一个人居功不自傲，才是谦逊的表现。

在一个不断创新、飞速发展的时代，守着自己曾经的荣耀故步自封，势必会被淘汰。只有在光环下保持谦和，不断进取、不断努力，才能够成功，才能让光环保持得更持久。

> 社交边界

把风头留给别人，把风采留给自己

人生就像是一场电影，每个人都在电影里扮演着不同的角色，有着不同的台词，不同的结局。就个人心理而言，每个人都希望自己成为主角，站在聚光灯下光彩耀眼。但是，欲戴王冠，必承其重。如果你选择成为主角的这条路，想要在舞台中心闪耀，那就要面对很多的压力和苦难。与其这般，不如将风头留给别人，把风采留给自己。

一部电影想要完美谢幕，就要条理分明，有主角就必须有配角。总得有人甘愿牺牲，选择放弃，成为背景墙上的一抹衬托。正是如此，高边界感的人怀着"命里有时终须有，命里无时莫强求"的想法，主动收敛起自己的光芒，把出风头的机会让给别人，尽量将主角衬托得熠熠生辉。因为他们明白主角只有一个，剩下的都是群演，如果每个人都去争抢那一个位置，电影也就只能以失败收场了。

第七章 竞争有边界，不逞强以退为进

年轻的艾柯卡成为福特公司的一名汽车销售员。年轻气盛的艾科卡野心勃勃地来到福特，打算在这里做出一番成就。由于自身对于销售汽车的天赋，加上工作努力，他的销售业绩总比别人的好。随着业务的不断提高，艾柯卡受到了领导的重用。不久之后，他就成为华盛顿特区的经理。

然而，艾柯卡并不想止步于此，而是想进入福特公司的高层，这样才有机会做出更好的业绩，完成自己的梦想。他依然拼命工作着。不久之后，他又被调往公司总部，担任汽车和卡车部门的销售经理。就这样，艾柯卡正式成为福特公司的核心阶层。

之后，福特公司的总裁看中了艾柯卡的能力，认为他一定能够将福特的发展带到一个新的高度，便说服了董事会，将他提拔为公司的副总裁。这时，他的事迹震惊了整个汽车行业。

整个汽车行业的人都在谈论这个突然崛起的男人，艾柯卡的名字突然间变成了人们口中福特的代言人。而事实上，福特公司的代言人只有一个，那就是总裁亨利·福特。面对自己的风头和荣耀全被他人抢走，自己的总裁地位也受到了影响，于是亨利将艾柯卡开除了。

其实，每个人都想成为主角，成为站在聚光灯下的焦点，但这样的机会只有一个，很多人都在费尽心思达到这个目的。你如果想要去争取，无疑就是将自己摆在了别人对立的位置上，不知不觉中，你便有了很多对手和敌人。最好的办法就是放弃，将出风头的机会让给别人，尽量去衬托别人，这样你的存在才会更让人放心，

社交边界

才会慢慢显现出自己的价值。

法国哲学家说过:"如果你想树立一个敌人,那很好办,你拼命地超越他、挤压他就行了。但是,如果你想赢得朋友,必须得做出一点小小的牺牲,那就是让朋友超越你,在你的前面。"就是这个简单的道理,每个人都会有想要成为主角的期待,一旦有人帮助他完成这个梦想,那一定会收获他的感激和信任。

泰戈尔说:"果实的事业是尊贵的,花的事业是甜美的,但是让我们做叶的事业罢,叶是谦逊地专心地垂着绿荫的。"有些人会去摘果实,有些人会去摘花朵,没有人会乐意摘叶子。只有我们懂得将风头留给别人,才会赢得更好的发展舞台,才会有机会获得更大的成功。

真正的高手，往往都深藏不露

事实证明，太过高调不是什么好事。古往今来，想要成为一个强大的人，就应该学会低调，懂得谦虚。这是一种学习态度，更是一种自知之明，必要时候，还要收敛自己的锋芒，平平淡淡，才能远离争斗，平安无事。真正的高手，往往都是深藏不露的。

古语云："木秀于林，风必摧之。"如果一棵树超越了整片森林的高度，当风暴来临时必然首当其冲。谦虚是每一个高边界感的人恪守的原则，即使他们拥有精湛的能力，不俗的成就，也不会显得太过张扬的姿态，炫耀自己，反而会兢兢业业，低调地融进日常的圈子中。

传闻，清末重臣左宗棠很喜欢下围棋，而且还是一个高手，他的同僚都不是他的对手。有一次，左宗棠微服出行，看见有一茅舍，横梁上挂着一块匾额，上面写着"天下第一棋手"。左宗棠心中不服，走进茅舍内与主人连下了三盘棋。三盘棋主人都输了，左

社交边界

宗棠笑着说:"你现在可以把这个匾拿下来了。"随后,左宗棠兴高采烈地走了。

不久之后,左宗棠班师回朝又路过此处,好奇地找到了这间茅舍,抬头赫然看见之前"天下第一棋手"的匾额还没有拆下来。左宗棠再次走进屋内,又与主人又下了三盘。

这一次,左宗棠三次都输了。左宗棠感到十分诧异,明明这位先生棋艺如此高超,为什么上次会连输了我三盘棋,于是向主人询问原因。

茅舍主人回答说:"上一次,您有公务在身,要率兵打仗,我不能挫您的锐气。如今,您已经得胜归来了,我当然得全力以赴,当仁不让啊。"

有时候,不要因为自己有一些能力就好为人师,最后的结果免不了得不偿失,还会让人敬而远之。也许身边的人其实很优秀,阅历很丰富,只不过是低调,不爱表现而已。谦虚并不是低人一等,也不意味着软弱忍让,而是一种超越别人的智慧和谋略。

李敖曾说:"笨人的可怕不在其笨,而是在其自作聪明。"一个心胸宽广的人,拥有大格局,不会在小事上花费精力,而自作聪明的人却总是认为自己是真的聪慧,在小事情上锱铢必较。

自作聪明的人是要付出代价的。有时候,你挖好的坑,可能刚好就是自己的尺寸。目中无人、盛气凌人,往往只会弄巧成拙、自欺欺人,甚至还会让自己摔得体无完肤。

《红楼梦》中对王熙凤的判词是:"机关算尽太聪明,反误了卿卿性命。"她也算是自作聪明的典型了。

很多自作聪明的人，总是认为自己的智商和情商都很高，其实只是别人不愿意和他计较罢了。

契科夫说："真正的天才就是常常隐藏在群众里面，绝不挤向人前去露脸。"真正的高手都是深藏不露的人，他们行事非常低调，甚至能够让被人忽视掉他们的存在。但是，这样的人才是真正的聪明人。中国有一句古词叫作"厚积薄发"，还有一个词叫"韬光养晦"。他们总是在低调的时候积攒力量让自己变得更加强大，而不是将时间浪费在与他人的炫耀上，所以这些低调的人其实早早地走在了很多人的前面。

老子告诉我们："深藏不露。"深藏不露的人是真正有智慧的人，他们处世往往是非常圆融的，不会激进冒失、炫耀夸张。有能力但是性格内敛，不爱在别人面前卖弄自己的才华，懂得保护自己，不会将自己过多暴露。他们坚信沉默是金的道理，不会说任何废话，但说出来的话都力求掷地有声。这就是所谓的"真人不露相，露相非真人"的道理。

> 社交边界

大智若愚才是真聪明

老子曾说过："真正聪明的人看似愚笨，真正灵巧的人看似笨拙。"真正聪明的人不会轻易显露才智，看起来都有点傻傻的感觉。其实，他们只不过是会把时间放在自己要做的事情上，而不愿意将精力花费在身边的琐碎上。高边界感的人善于收敛锋芒，给人一种憨憨的印象，实际上却是大智若愚。

真正聪明的人，有一种看透却不显山露水的心态。有些人达不到他们的境界和格局，只局限于看到的大智若愚的表象罢了。拥有大智慧的人，不会去和他人计较高低，未必是真的傻。就如莎士比亚说的："愚者自以为聪明，智者有自知之明。"

美国前总统威廉·亨利·哈里逊小时候家境贫寒，平日里沉默寡言，总是被周围的邻居当作小傻瓜戏弄。邻居们经常把一枚五分硬币和一枚一角硬币放在他的面前，让他任意捡一个。哈里逊总是会捡那枚五分的硬币。于是，大家经常用这个方法来取笑他。

有一天，一位善良的老妇人实在看不下去了，就询问他："孩子，难道你不知道一角硬币要比五分硬币值钱吗？"

哈里逊淡定地回答："当然知道，可是如果我捡了那个一角硬币，谁还会把硬币摆在我面前让我选？那么我以后就连五分钱也拿不到了。"

邻居的戏弄，哈里逊全都看在眼里，只不过他不说而已，对于他来说，更重要的是多得到一些钱来缓解窘迫。

生活中常常会有一些自以为聪明的人，大肆卖弄着所谓的聪明并洋洋自得，却不承想过这些小把戏早已被人看穿。很多时候，看起来那些玩小聪明的人总是会得逞，而真正聪明的人总是吃亏的对象。事实上，真正的聪明人都是看透不说透，他们懒得去揭穿这些小聪明，也不屑于和那些自作聪明的人争辩。他们有着宽阔的胸襟和格局，有着更大的追求，何必在琐事上纠缠不休。

小聪明和大智慧在曾国藩身上表现得淋漓尽致。他一生戎马，统领军队时，每到一处都不会急于进攻，而是选择就地安营扎寨，围着城市挖沟，等着别人进攻。他的做法被朝廷中大多数人认为是无能。

然而，他却凭借着这种深沟高垒的方式平定了很多叛乱，立下赫赫战功。

曾国藩曾说："天下至诚能胜至伪，天下至拙能胜天下至巧。"他从不打没有把握的仗，当一切细节都算到时，才会下打仗的决心。当时太平军纵横大半个中国，骁勇无双，遇到曾国藩时却是处

社交边界

处掣肘。

《菜根谭》中写道:"大聪明的人,小事必朦胧;大懵懂的人,小事必伺察。盖伺察乃懵懂之根,而朦胧正聪明之窟也。"许多看似聪明的人往往目光短浅,只在乎立竿见影的收益,而忽略不能直接衡量,长期积累的收益。就像《三国演义》中曹操对袁绍的评价:"干大事而惜身,见小利而忘命。"

聪明是一把双刃剑,在于如何运用和表现,它可以提高一个人的生活质量,也可以将一个人毁掉。自以为聪明往往是最不明智的选择,是招来灾祸的根源。生活中,有些人平时不爱说话,只是因为他有自知之明,在不该他出头的时候恪守本分,不显露自己。一旦时机成熟,他也会锋芒毕露,大方地陈述自己的观点,艳惊四座,而这才是真正的聪明人的表现。

大智若愚,难得糊涂是高边界感的表现,也是做人的最高境界,低调且努力地做事,不仅能够让他人信服,还可以团结身边的人,得到更多的支持。相反,如果不停地耍小聪明,损人利己,只会让人的反感,让身边的人敬而远之,最终对自己造成意想不到的伤害。

第八章
情绪有边界，做内心强大的自己

> 社交边界

不生气，我们就赢了

世事多纷扰，难免不惹人生气。然而，细想之下，生气除了让自己的情绪不好之外，不能解决任何问题。

康德曾说过："生气是拿别人的错误来惩罚自己。"当因为别人的失误，你情绪剧烈波动时，那个根本不在乎你的人反而会更加冷漠，何必用别人的错误来伤害自己呢？生气从来就不是一个明智的选择，高边界感的人懂得控制自己的情绪，因为他们明白，你的气愤只会让爱你的人担忧，会让恨你的人笑话。不必与不值得的人认真，宽恕别人就是放过自己。

金庸先生说："不生气，就赢了。遇事，谁稳到最后，不露声色，谁就是最后的赢家；谁大发雷霆、失去理智，谁就会未战而输。"一个人如果经常把生气挂在脸上，不仅会让人觉得没有内涵，更是难以做出什么大事。在人们眼中，强大的人不是看他生气时情绪爆发的程度，而是能够理智控制自己多大程度的情绪波动。

生气时，每个人都有的情绪，但是能够合理控制情绪的人绝对是成功的人。

星云大师讲过这样一件事：有一次，他的一位很有影响力的教授朋友，带着正在读中学的女儿去街上买水果。在挑选水果时，因为教授穿着简朴，不像是有钱人，买水果的商贩很势利，不耐烦地问道："你到底买不买？"

教授回答说："买。"于是，他将自己挑好的水果递给了商贩，商贩阴阳怪气地说："这种水果很贵的，你买得起吗？"教授一脸微笑，语气平淡地说："买得起。"在回家的路上，女儿问教授说："爸爸，您是大学里人人敬仰的名教授，今天却让一个市井商贩这样挖苦讥讽，您不生气吗？"

教授回答说："不生气，待人礼貌、谦虚是我处世的标准，我并不会因为他人对我如何便降低了自己的标准。况且，今天是我们第一次见面，也可能是最后一次见面，何必大动肝火呢？"

一个懂得控制自我情绪的人，是不会轻易受到对方情绪的影响的。如果有一件事让你十分生气，甚至想要和别人大吵一架，此时你应该面带微笑，尽力收敛内心的惊涛骇浪。因为情绪是能够相互传染的，人在情绪激动的时候，是最容易不受压制的，而且双方情绪互相传染，说话的语速会越来越急，吐字越发不清楚，思想越来越混乱，直到最后被情绪控制。当你微笑面对时，对方反而无从下手了。

如何保持一个好的心态？心态的"态"字拆开的解释就是"心

社交边界

大一点"。心若是每天都大一点，怎么还会因为这些琐事而烦恼呢？很多时候，重要的是解决麻烦和问题，而不是到处宣泄自己的情绪，如果能够保持一颗平静的心，那些干扰你情绪的苦恼便会随风而去。何必要与别人一般见识呢？真正强大的人，不是懂得原谅别人，而是知道放过自己。所以说，不生气，你就赢了。

用试错拯救你无处安放的焦虑

人为什么会焦虑？因为这是一种对未知事物或者未知情况急切而又恐惧的表现。因为未知，所以可怕；因为急切，所以烦恼，两者结合便会产生焦虑的情绪。如果有人勒令你马上跳入不知底细的河中，想必你肯定不愿将性命交给这条河。若你经过短暂的试探，面前的河就不会像之前那样让你感到恐惧，甚至焦虑。这说明简单的试探便会拯救一个人无处安放的焦虑。

这种焦虑往往来自不愿以一次错误的代价换回更加明确的认知，其实人生就是一个不断试错的过程，而且人类的进化史就是一个持续试错的过程。所谓"物竞天择，适者生存"便是由于基因突变更加适应生存而已。而基因突变就是在基因复制的时候出现了错误，从而产生了新的变化，增加了人类的环境适应能力，从而孕育出更加高级的生命。这种试错便会减少生物对淘汰的焦虑，减少明日是否将不适应生存的担心。

社交边界

有人从卖家居用品到钻研环保锅炉，有人从开出租车到回老家打理农田。不断跳跃的他们终于找到了适合自己的岗位，而他们的前半生就是为了寻找对的人生方向而选择的试错。

蒋方舟在一期《圆桌派》中坦言：自己现在不再像更年轻时的那样，去学校做演讲时总是会鼓励大家不要怕选错，要通过不断试错，才能找到自己想要的。

现代的年轻人压力大，经常焦虑的原因就是，这个社会对年轻人的容错率很低。蒋方舟这样解释："可能一个人在一个岗位上试了一段时间，觉得不行再换，在这换来换去的几年里，回过头再看，那些比自己年轻很多的人都已经赶超了自己。"

试错是需要勇气的，因为如果一旦错误，回过头需要时间，更需要金钱或者同等价值的东西买单。而这世间有很多人是输不起的，也就因为如此他们就不可能去试错，因为代价太大了，惧怕错就不会去试错，所以他们整日徘徊在焦虑中手足无措。

但是还是有一些人，偏偏愿意去试错，他们不是时间多、精力多，而是想去证明自己所想的是否正确，所以试错。边界感高的人往往会选择试错来证明自己的想法：如果当初唱歌的黄渤没有踏出一步，便不会有现在的影帝；如果方文山没有大量地创作歌词，而是选择安心工作，那他现在只是一个机修师傅。

试错，有可能对，也有可能不对，但是无论对错都可以缓解因未知带来的焦虑。人不可能坐以待毙，在可以选择的时候试错总比不试强。试错从某种意义上讲也是一种人生经历，因为只有你试过，你才明白那是错的。

在我看来，试错的本质是让自己看到人生的更多选择。就像无数个平行空间，其中有无数个不同的你，而试错便是将你带到不同的人生轨迹，想尝试的都尝试了，想活的也活过了，人生至此才会不留遗憾。

> 社交边界

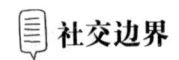

真正的强者从不抱怨，只找解决方案

人生不如意事十之八九，生活和工作中难免会遇到这样或那样的问题，突如其来的袭击让人苦不堪言，牢骚满腹，很多人会选择与他人大吐苦水来释放自己的烦恼，我们称为"抱怨"。抱怨是一种消极的情绪，常常抱怨的人意识不到抱怨带来的危害。在他们眼中，抱怨只不过是几句带有强烈情绪的话，说出来心情也就不那么糟糕了，并不会对工作和生活造成多大的影响。

其实，每一个抱怨者都是一个负能量的传播者，不断将自己糟糕的情绪传染给身边的人，这样不仅不会使自己心情好起来，反而会影响工作前途和人际关系。高边界感的人，从来不会抱怨，而是专注于问题的处理，因为即使有千万声的抱怨，也不会帮你解决问题，它仍是堵在你心口的一块巨石，反倒不如解决之后，心情自然而然地舒爽了。

奥斯特洛夫斯基的青春消逝在疾驰的战马和枪林弹雨中。16岁时，他的腹部和头部受伤，右眼失明；20岁时，又因关节硬化而卧床不起。他没有抱怨生活，只是深切地感到："在生活中没比掉队更可怕的事情了。"

奥斯特洛夫斯基不想躺在残废荣誉军人的功劳簿上向祖国和人民伸手，而是努力读完了大学的全部课程，如饥似渴地阅读俄罗斯与世界文学名著。

奥斯特洛夫斯基写了一本描述柯托夫斯基部队中英雄战士的中篇小说，寄给一家杂志社，却未被采用。可他并未灰心丧气，忍受着病痛的折磨，默默地向认准的目标攀登。1932年，他终于完成了《钢铁是怎样炼成的》一书。对此，他高兴地惊呼："生活的大门向我敞开了！""书就是我的战士！"站着用枪战斗，躺着用笔战斗，死后用书战斗。这就是奥斯特洛夫斯基的一生。

比尔·盖茨说："如果你陷入困境，不要尖声抱怨错误，要从中吸取教训。"只有把抱怨的能力化为上进的力量，才是成功的保证。这也是高边界感的表现。

爱因斯坦曾说："不要抱怨生活，那只能说明你的无能。"在工作中，谁也不喜欢爱抱怨的人，除了将自己对生活中的不满倾诉给他人，自己得到心灵上的慰藉，然后继续这种没有意义的生活之外，毫无意义。

心理学中有一种说法叫作言语即生活，即"每个人说出来的话，对他们来说都是大脑重塑的过程"。如果我们一直沉迷于扮演这种渴望他人帮助的角色，最终就会变成那个样子，扮演弱者就会

社交边界

真正成为弱者。

1832年,林肯经商失败后,参加州议员竞选,但是落选了。在一年中遭受两次重大的打击,无疑是最痛苦的。次年,林肯向朋友借钱经商,结果还是失败了。在以后的17年间,他不得不为偿还企业倒闭时所欠的债务而到处奔波。然而,林肯没有抱怨也没有放弃。1835年,他又一次参加竞选州议员,终于得偿所愿。1860年,他当选了美国总统。

抱怨不会让生活有所变化,相反,不抱怨才会让生活变得更好。因为不抱怨的人已经在现实中找到了新出路,会通过各种方法来解决自己面对的一切问题。

所以,无论在工作还是生活中,就算有再多的委屈,就算身体里装满了负面情绪,也要找个没人的地方偷偷咽下去,因为真正的强者从不抱怨。

危急时刻的冷静，是一个人的顶级边界感

一个人最大的本事，就是能控制自己的情绪。尤其在危机当前，那些未知性和不确定性接踵而至，自己的心境依然能够波澜不惊，保持冷静，那便是一个人顶级的实力，也是顶级的边界感。

哈佛大学心理学教授丹尼尔·戈尔曼说：情商，就是情绪管理的能力。所谓高边界感，就是指一个人既能控制自己的情绪，又能用得体的沟通方式让别人感到舒服，控制别人的情绪。在著名产品人梁宁口中，情绪，是一个人的底层操作系统。而真正驱动一个人的，正是他的情绪，他的底层操作系统。那么高边界感的人，无疑是拥有这套操作系统的顶级配置。

这种顶级配置在张一鸣身上得到了体现，张一鸣是今日头条的创始人，他有一种类似机器人般的理性和克制。哪怕是心中有多么不舒服的事，都很难从他身上看到消极的情绪。

2014年，今日头条确认获得1亿美元C轮融资后，有媒体起诉

社交边界

今日头条侵犯版权。一时之间,今日头条和张一鸣被推到了风口浪尖。于是,他主动找到了"极客公园"的创始人张鹏,希望媒体出身的张鹏能帮自己解答疑惑。

但是,张一鸣内心应该有着很大的情绪波动,毕竟公司发生了这么大的事情。但是据好友梁汝波的回忆,张一鸣的脸上看不出一丝的情绪。他只是迅速召集全公司能帮上忙的人开会,商量谁能够做什么。在这一场纷争之后,张一鸣开始深度学习,了解版权相关的事宜。接触过张一鸣的人都知道,他非常理性,任何情绪都不轻易示人。危急时刻的情绪稳定背后是实力,也是格局。真正优秀的人,早就已经戒掉了情绪。因为情绪解决不了任何问题,反而会增加精力的消耗。而戒掉情绪,聚焦工作和生活才是你最应该关注的。

村上春树在《舞!舞!舞!》中写道:"你要做一个不动声色的大人。不准情绪化,不准偷偷想念,不准回头看。"每个人小时候都是将自己的情绪摆在脸上,而所谓成长,就是将情绪表达调成静音的过程,生活和工作并不是可以肆意释放情绪的舞台,尤其是当危机来临时,"卒然临之而不惊,无故加之而不怒"才是大将之风。

从情绪管理当中可以看到一个人的边界感,那如果更好地控制情绪呢?当你产生愤怒、沮丧、悲观等一系列负面情绪时,先不要轻易在人或者事上下定论。因为情绪波动的时候,一个人的判断难免会带有主观色彩,如果你将这些情绪变成更为积极的表达方式,就会慢慢冷静下来。当然，你也可以转移一下注意力，换一种发泄方式。当你存在负面情绪而不得不发泄的时候，不妨让自己静一静，在生活或者工作之余，留出一个属于自己的空间，去做一件自己喜欢的事情来转移注意力，这才是最好的宣泄和休整。其实，控制情绪最好的方法就是从根源上解决困扰自己的问题，当转移注意力之后，一定要去寻找情绪的根源，并且找到解决方案。

车和家创始人李想说过："不少朋友不清楚什么是情商。这个情不是感情的情，而是情绪的情，尤其是关键时刻对于自我情绪的控制能力，以及关键时刻作出理性选择的能力。"

一个人若是想在任何时候保持一个冷静的情绪，必须要做到两点：一是遇到事情时，不要轻易迸发自己的情绪；另一点是能够在危机面前沉得住气。能够控制情绪，才能更好地控制人生，别让情绪成为你成功路上的绊脚石。

> 社交边界

高边界感的人都是如何表达愤怒的

有人说,高边界感的人都能够控制自己的情绪。那是不是在任何情况他们都不会出现过激的言辞或者行为?恰恰相反,真正高边界感的人从来不憋着,反而会用恰当的方式来表达自己。

亚里士多德说:"每个人都会发怒,这很简单。但向恰当的人,在恰当的时间,以恰当的动机、恰当的方法,表达恰当程度的愤怒,并不是每个人都能做到的事。"一个高边界感的人,懂得拿捏发怒的分寸感,不声张不谩骂,而能在温和的言语里给予最高明的回击。

高边界感的人在乎的不是这一时的口舌之快,而是四两拨千斤地让他人甘拜下风。一般来说,高边界感的人不愿意把时间花费在他认为不值得的事情上。比如,在面对一些无关紧要的人、无关紧要的事情时,他们一般不愿意发脾气,至多给个眼神,微微一笑,便不作回应了。通过这种拒绝不搭理的行为来表明自己的态度，还会给对方留下扪心自问的时间，有利于他们对自己的错误进行分析和反省，这难道不比和对方吵一架来证明自己态度要强得多吗？

有时候高边界感的人受到不公平的待遇，他们并不会表现得有多么愤怒，只会默默接受，一旦找到合适的机会，就会以其人之道还治其人之身。

愤怒会使人冲动，也会给人带来平静。聪明的人懂得如何利用它，而不是被愤怒牵着鼻子走，胡乱发泄。有句电影台词是这么说的："我现在知道，愤怒和憎恶让你裹足不前。不需要耗费任何能量，只有新鲜的空气和生活才能将它吞噬、浸没……但它是真实的。"

人之所以会感到愤怒，是因为人们觉得别人要为自己的情绪负责，因为你做错了事，所以我会生气，这便是很多人的逻辑。如果只是专注于自己的感受，你会发现为了满足自己的需求而从言语上攻击别人，只会产生更多的问题。倒不如将矛盾的焦点推往身外，当不好的事情发生在自己身上时，高边界感的人会通过转移的方法，把聚焦的点从自己身上转移到别人身上。

高边界感的人之所以不发脾气，其实只是在维护自己的情绪不受干扰，因为他们深知如果和对方起直接冲突，会影响自己的时间和情绪，不论是什么样的结果都不会给自己带来任何好处。

发脾气对于高边界感的人来说，只不过一种达到目的的方式，

社交边界

而不是直接去宣泄心中的愤怒,这样对他们而言没有一点意义。边界感高的人懂得恰当地表达愤怒,而表达之前要为自己的情绪负责任,而不是一味地指责别人激怒了你。遇到让自己愤怒的人或者事,总是用一种不伤害彼此的方式来表达自己的需求。

控制欲望，人生就没有烦恼

禅语有云："人生在世如身处荆棘之中，心不动，人不妄动，不动则不伤。"生活本来没有烦恼，倘若一个人的欲望越来越多，那么烦恼就会接踵而至。反过来说，只要能够控制欲望，人生就没有烦恼。

从前，有一个百万富翁，每天让他劳神费心的事情跟他拥有的财富一样多。所以，他每天都愁眉紧锁，难得有个笑脸。

百万富翁的隔壁，住着磨豆腐的小两口。曾有谚语说：人生三大苦，打铁撑船磨豆腐。但磨豆腐的这小两口却乐在其中，一天到晚歌声笑声不断地传到百万富翁的家里。

百万富翁的夫人问老公："我们有这么多钱，怎么还不如隔壁家磨豆腐的小两口快乐呢？"

百万富翁说："这有什么，我让他们明天就笑不出来。"

到了晚上，百万富翁隔着墙扔了一锭金元宝过去。第二天，磨

社交边界

豆腐的小两口果然鸦雀无声。原来这小两口正在合计呢！他们捡到了"天下掉下来的"金元宝后，觉得自己发财了，磨豆腐这种又苦又累的活儿以后是不能再做了。可是，做生意吧，赔了怎么办；不做生意吧，总有坐吃山空的一天。

之前快乐得很的小两口现在谁也没有心思说笑了，烦恼已经开始占据了他们的心。

南怀瑾说："一个人，真能对天道自然的法则有所认识，那么，天赋人生，已够充实。能够将生命原有的真实性善加利用，因应现实的世间，就能优游余裕而知足常乐了。如果忘记了原有生命的美善，反而利用原有生命的充裕扩展欲望，希求永无止境的满足，必定会招来无限的苦果。还不如寡欲、知足，就此安于现实，便是最好的解脱自在。"

民间流传着很多关于欲望的劝诫故事，提醒人们控制自己的欲望。

所以，只有控制自己的欲望，才会减少烦恼。对于比自己优秀的人，不要嫉妒，要用敬佩的眼光，将他视为自己的目标，不断努力。不去攀比，知足常乐。其实，世界上有很多美好的东西，举不胜举。

"家有广厦千万间，睡觉只需三尺宽；家有良田万顷，一日只能吃三餐。"如果没有知足常乐的心态，即使得到了全世界，我们也不会感到快乐。

无法改变环境，那就改变自己

柏拉图曾经告诉学生，自己能够移山。学生们纷纷向他请教方法。柏拉图笑道："很简单，山若不过来，我就过去。"学生们哑然失笑。世界上根本就没有移山之术，唯一的办法就是柏拉图所说的"山不过来，我便过去"。同样的道理，如果无法改变环境，那就改变自己。

"如果改变不了环境，那就改变自己"是一个高边界感的人的信条。他们的生活态度就像一潭活水，遇到凸出的石头先分离成两部分，再汇集在一起。生活也是如此，只有这样才能战胜更多的困难，完成更多的挑战。如果不能正确地认识到自己的劣势和不足，控制好自己的情绪，只是一味地抱怨，一味地渴望周围局势的改变来拯救自己的困境，那是毫无意义的。

卡尔·纽波特在《深度工作》这本书中讲述了一个很值得琢磨的案例。科普作家威妮费雷德·加拉格尔在晚年时不幸被确诊为癌

社交边界

症晚期。听到这个消息之后,她感觉自己的余生可能就要在恐惧和遗憾中度过了,像所有等待死亡的人一样。因为对死亡的恐惧是每个人与生俱来的,这种情绪不可避免。但是,威妮费雷德·加拉格尔发现这段生活经历要比想象中愉快得多。

在死亡的高压之下,她选择改变自己,摒弃了那些因癌症带来的负面情绪。而多年的职业写作能力帮助她转移了注意力,她每天不去想那些可怕的疾病,而是开始想电影、散步、晚上喝一杯等类似的小事。说来也怪,由于她的改变,她的生活过得还不错。

出于好奇,加拉格尔在生病期间开始研究关于注意力的一些事情,得到了一个很棒的结论:熟练管理注意力是优质生活的重要因素。她还出了一本畅销书《全神贯注》。

列夫·托尔斯泰曾说过:"这个世界上有两种人,一种是观望者,另一种是行动者。大多数人都很想改变这个世界,但是却没有想要改变自己。"是的,我们无法去左右风的来去,也改变不了世上的很多东西,如果想要改变现状,就要先改变自己。改变自己,最重要的就是能够认清自己,认清所处的环境,不断地鞭策自己。无论何时何地都要记住,危机每时每刻都藏在我们的身边,如果在真的无法改变环境的情况下,就及时改变自己来适应周围的一切。

他是一个农民,但是从小便树立了当作家的梦想。因此,他十年如一日地努力着,每天坚持写下五百字,完成一篇文章后反复修改,然后满怀希望地寄给远方的杂志社和报社。可是,这么多年的努力，他没有将一个字变成铅字，甚至连一封退稿信都没有收到过。

生活带给他的沮丧并没有让他心灰意冷，等到他二十九岁那年，他终于收到了第一封退稿信。那是一位他多年来坚持投稿的杂志的总编寄给他的。总编写道："看得出来，你是一个很努力的青年，但我不得不遗憾地告诉你，你的知识面过于狭隘了，生活经历也相对苍白，但是我从你多年的投稿中发现，你的钢笔字越来越出色了……"

于是，就有了后来的硬笔书法家——张文举。他面对不同的记者提问，被问到最多的一个问题就是："您认为一个人走向成功，最看重的条件是什么？"

张文举回答说："一个人是否能走向成功，理想很重要，勇气很重要，毅力也很重要。但更重要的是，在人生路上要懂得取舍，更要懂得转弯。"

很多人说，想要成功就必须保持一个清醒的头脑，敏锐的洞察力，判断力，善于对自己所处的周遭环境作出判断并且能够适时抓住机会迎接挑战。其实这句话只说对了一半，在抓住机会之前最重要的事情就是适应环境，并在过程中找到自己的方向，从容应对。

如果想要改变现状，不要妄想去改变环境，只能改变自己。身处顺境的时候，警示自己不懈怠不得意；身处逆境的时候，鼓励自己，不要放弃，更不要深陷失败的沼泽中不能自已，失意只是暂时的，再艰苦的困境也打不倒一个人，真正让你倒下是失去再战的勇

社交边界

气和斗志，是畏惧失败的心态。

改变自己，就要学会控制自己的情绪，即使身处没有太阳的黑夜之下，也不要放弃心中那一束期待的曙光。"一步走错，满盘皆输"是谁都不愿意接受的结果。如果环境无法改变，那么停下来，重新审时度势，控制自己的情绪，调整自己的心态，利用自己的智慧耐心地分析，重新找到最初的自己。